Kerstin E. Finkelstein

»Wir haben Erfolg!«

Kerstin E. Finkelstein

»Wir haben Erfolg!«

*30 muslimische Frauen
in Deutschland*

Fackelträger

© 2008 Fackelträger Verlag GmbH, Köln
Alle Rechte vorbehalten
Satz: Noch & Noch, Balve
Gesamtherstellung: Verlags- und Medien AG, Köln
Printed in Germany

ISBN 978-3-7716-4367-6

www.fackeltraeger-verlag.de

Inhalt

5

7

Liebe Leserin, lieber Leser,

sollten Sie, wie es mir auch schon oft passiert ist, das Vorwort zu langatmig finden, brechen Sie einfach ab und lesen das eigentliche Buch – aber bitte bis zum Schluss. Es lohnt sich. Sie werden nicht enttäuscht werden. Vielen Dank an die Autorin.

Die Geschichten sind voller Leben, Kraft, Zuversicht und Hoffnung. Sie zeigen uns, dass es sich lohnt, aktiv zu sein. Sie zeigen uns auch, wie verantwortlich jede(r) Einzelne für unsere Gesellschaft ist bzw. sein kann und wie viel jede(r) Einzelne für ein besseres Zusammenleben der Kulturen und Religionen tun kann. Sie bekommen auf sehr viele Fragen sehr genaue Antworten; Sie werden am Ende aber auch neue Fragen haben, die Sie sich selbst und anderen stellen können.

Sie werden von 29 Frauen erfahren, wie vielfältig das Leben von Musliminnen sein kann, die als erfolgreich gelten. Aber Sie werden auch viel über muslimische Frauen im Allgemeinen erfahren, über das Leben von sogenannten Migrantinnen und die Integrationspolitik in Deutschland. Sämtliche Frauen in diesem Buch haben extrem viel Eigenleistung erbracht, um sich in diese Gesellschaft einzubringen, um sich, zum Teil aus einem anderen Land kommend, in kürzester Zeit zu integrieren. Dennoch stoßen sie immer wieder an Grenzen in dieser Gesellschaft, die sie hier und da ausgrenzt.

Seit dem 11. September 2001 sind der Islam und damit auch das Leben muslimischer Frauen so sehr in die öffentliche Wahrnehmung geraten wie nie zuvor. Leider nicht unbedingt mit dem wünschenswerten Effekt, dass ihre Lebenssituation sich dadurch tatsächlich verbessert hätte. Dennoch sollten wir froh sein, dass die menschenunwürdigen Lebensumstände vieler muslimischer Frauen mehr denn je öffentliche Aufmerksamkeit bekommen, denn nur so kann sich langfristig etwas ändern. Von der öffentlichen

9

Debatte angesprochen und angeregt wagen immer mehr muslimische Frauen sich gegen Ungerechtigkeiten in ihrem privaten Leben zur Wehr zu setzen. Diese Wirkung der manchmal durchaus polarisierenden Öffentlichkeit sollte nicht unterschätzt werden. Wir sollten dabei natürlich nicht den Blick dafür verlieren, dass der Alltag und das Leben muslimischer Frauen mal politisch funktionalisiert, mal von sogenannten Gutmenschen für ihr Gewissen ausgeschlachtet und mal ehrlich betrachtet werden, mit der wirklichen Absicht zu helfen. Meines Erachtens erfahren letztlich die wenigsten muslimischen Frauen, die tatsächlich im Namen der Religion unterdrückt werden, denen ein selbstbestimmtes Leben verwehrt wird, die von Zwangsheirat und Ehrenmorden und noch vielen anderen Grausamkeiten betroffen sind, eine adäquate Unterstützung.

Auf dem Hintergrund der Lebenssituation muslimischer Frauen werden westliche Werte wie Aufklärung, Demokratie, Gleichberechtigung der Geschlechter, Religionsfreiheit und Homosexualität diskutiert. Daran habe ich ganz persönlich nichts auszusetzen, im Gegenteil. Ich wünsche mir nur, dass die Wertedebatte noch mehr in den Vordergrund tritt, mit dem Ziel einer gemeinsamen Wertedebatte aller Kulturen und Religionen in dieser Gesellschaft, mit all ihren Facetten.

Im Rahmen der einwanderungs- und integrationspolitischen Entwicklungen der letzten Jahre, die Islamkonferenz eingeschlossen, ist es nicht ganz unberechtigt, wenn immer wieder gesagt wird, dass nicht alle muslimischen Frauen über einen Kamm geschert werden sollten. Aber der Vorwurf, dass ständig verallgemeinert würde, dient lediglich dazu, weiterhin an Tabus festzuhalten und keine Kritik an Missständen in der sogenannten Migranten-Community zu üben.

Meines Erachtens geht es nicht um ein Entweder-oder, sondern darum, das eine zu tun und das andere nicht zu lassen. Wir müssen sowohl über schlechte als auch über gute Dinge sprechen, so wie die Gesellschaft nun mal ist. Es gibt unterdrückte und es gibt erfolgreiche muslimische Frauen, sie sind so vielfältig wie alle Menschen und alle Frauen auf dieser Welt.

29 erfolgreiche muslimische Frauen. Was heißt das? Sind das alle? Haben nur so wenige Erfolg in Deutschland? Nein, natürlich nicht. Das sind ausgesuchte Beispiele dafür, dass es auch andere, eben erfolgreiche muslimische Frauen gibt – wie immer auch Erfolg definiert werden mag. Es sind jedenfalls andere muslimische Frauen, als viele Menschen gewohnt sind. Andere muslimische Frauen, als in das Weltbild vieler passen.

Auf den folgenden Seiten werden Sie von muslimischen Frauen lesen, die nicht Kopftuch oder Burka tragend mehrere Meter hinter ihren Männern laufen, Einkaufstüten schleppen, eine Horde Kinder bändigen und den schwangeren Bauch vor sich herschieben. Selbstverständlich tragen die Protagonistinnen in diesem Buch kein Kopftuch, und die anderen Klischees treffen ebenfalls nicht auf sie zu. Sie leben in einer anderen Welt als die türkische, kurdische oder arabische Mama, die nur dazu da ist, ihren Ehemann und ihre Kinder glücklich zu machen. Das heißt aber noch lange nicht, dass es sich bei den Frauen um eine homogene Gruppe handelt: Die politischen Ansichten, von sogenannten Ausländerklassen über Zwangsheirat bis hin zu Kopftuch, Ehrenmorden und anderen »Migrantenthemen«, stimmen keineswegs überein. Die Abgrenzung der Protagonistinnen dieses Buches vom Klischee muslimischer Frauen macht sie nicht automatisch zu einem Einheitsbrei. Sie haben sicher einiges gemeinsam, sind jedoch gleichzeitig auch sehr verschieden. Es ist spannend, gerade die Unterschiede zu betrachten. Jede für sich hat eine ausgeprägte Persönlichkeit und jede für sich hat einen Umgang damit finden müssen, dass andere sie als eine ganz besondere Muslimin ansehen.

Sind diese Frauen aber wirklich etwas Besonderes? Sind sie wirklich anders? Und wenn ja, warum sind sie anders? Sie sind anders bzw. werden als anders gesehen, weil sie nicht einem Klischee entsprechen. Aber ist es nicht auch ein Klischee, wenn wir sie als anders betrachten? Ist es keine Selbstverständlichkeit, dass auch muslimische Frauen Erfolg haben können und einen anderen Weg einschlagen als den einer Hausfrau und Mutter, die sich ihrem Mann absolut unterwirft? Ist die Moderne eine Errungenschaft der christlich-jüdischen Welt und allein ihr vorbehalten?

»Ich will nicht anders sein. Ich bin nicht anders«, sagte kürzlich eine Frau zu mir, die, neben vielen anderen, auch gut in dieses Buch passen würde: eine erfolgreiche Journalistin mit zwei kulturellen Identitäten. Aber gerade weil sie nicht als »anders« gesehen werden will, hätte sie sich ganz sicher nicht zur Verfügung gestellt. Sie erträgt es nicht mehr, sagte sie, einen »Migrationshintergrund« zu haben. Sie will einfach nur sie selbst sein. Ganz selbstverständlich in ihrem Geburtsland Deutschland, in Europa leben, Erfolg haben, Karriere machen. »In zwanzig oder dreißig Jahren sind wir vielleicht oder hoffentlich nur noch Europäerinnen«, sagt eine der in diesem Buch porträtierten Frauen, so wie viele andere – wie auch ich. Denn die Bezeichnung Migrantin klingt wie eine Krankheit, etwas, das man schnell wieder loswerden sollte. Und da haben wir schon einen weiteren wichtigen, sogar elementaren Grund, warum Sie dieses Buch lesen sollten. Sie werden von »Migrantinnen« lesen, die keine sind, die keine sein wollen und die es leid sind, als solche bezeichnet zu werden. Sie werden vielleicht oder hoffentlich anfangen, darüber nachzudenken, warum solche Frauen nicht einfach als Mitbürgerinnen wahrgenommen werden, sondern nur als Migrantinnen und Musliminnen. Damit werden sie aus der Gesellschaft, in die sie sich als sogenannte Beispiele gelungener Integration eingebracht haben, aufgrund ihres Namens oder ihres Aussehens weiterhin permanent ausgegrenzt. Und wenn es nur in Gedanken ist. Es ist eine sehr verletzende Gedankenlosigkeit. Dabei haben diese Frauen sich nicht nur erfolgreich in die Gesellschaft in Deutschland eingebracht, sie bewegen und stärken diese Gesellschaft mit ihrer täglichen Arbeit. Sie sind es auch, die die größten Brücken bauen zwischen den Kulturen. Solche Frauen sind regelrechte Brückenspezialistinnen.

Es kann sein, dass Frauen grundsätzlich verbindend wirken und sich deshalb auch als Konstrukteurinnen für kulturelle und religiöse Brücken sehr gut eignen. Es kann sein, dass die Mehrheit der Frauen nach Familie und Harmonie streben. Es kann aber auch sein, dass sie einen stärkeren Glauben an die gemeinsame Zukunft der vielen Kulturen und Religionen in unserer Gesellschaft haben. Und vielleicht erkennen und spüren sie auch, dass sie dabei am meisten zu gewinnen haben. Schließlich werden muslimische Frauen von einer gemeinsamen Zukunft der multikulturellen Gesellschaft am meisten profitieren, wenn sie an der Freiheit, die Deutschland jedem Individuum bietet, partizipieren können. Sie sind Wegbereiterinnen für transkulturelle Identitäten.

Aus jeder Geschichte der einzelnen Frauen werden Sie entnehmen, wie wichtig persönliche Freiheit ist: Freiheit zu leben, Freiheit zu denken. Alle Frauen hatten das Glück sie kennenzulernen oder sie sich zu nehmen. Die, die sie sich erkämpfen mussten, schildern eindrucksvoll, wie sie anderen Frauen dabei helfen, ebenfalls persönliche Freiheit zu erlangen. Die, denen die Freiheit aufgrund ihrer privilegierten Herkunft in die Wiege gelegt wurde, sehen sie nicht als alleiniges Recht einer bestimmten Klasse oder Schicht. Auch sie engagieren sich für andere und nehmen ihre gesellschaftliche Verantwortung wahr.

Wie diese Frauen zeigen, geht es nicht darum, sich vollkommen zu assimilieren oder die Herkunft und Kultur der Eltern oder Großeltern abzulegen. Ganz im Gegenteil: Die Integration in die rechtsstaatliche Demokratie, in die Freiheit, ohne den Blick auf ihr kulturelles Erbe zu verlieren – das ist es, was diese Frauen verbindet. Sie haben gelernt, eine eigene Stimme zu haben und sie zu benutzen.

Um aber ihre Stimmen in Deutschland erheben zu können und noch dazu gehört zu werden, wollten sie alle so schnell es ging die deutsche Sprache lernen; sofern sie nicht schon hier geboren wurden und in familiären Verhältnissen lebten, in denen das Lernen der deutschen Sprache selbstverständlich war. Wenn also diese 29 Frauen etwas ohne Wenn und Aber verbindet, dann ist es die Einigkeit darüber, dass jeder Mensch, der in Deutschland lebt, Deutsch sprechen muss. Jede von ihnen ist ein Beispiel dafür, welche Türen sich einem öffnen, wenn man in Deutschland über die notwendigen Sprachkenntnisse und einen guten Schulabschluss verfügt. Und sie sind alle Beispiele dafür, dass Integration nur funktioniert, wenn es einen vertraulichen und kontinuierlichen Kontakt zu den »Urdeutschen« gibt.

Hourvash Pourkian bringt es auf den Punkt, wenn sie von sich selbst sagt: »Was uns den Anfang jedoch erleichtert hat, war, dass mein Bruder eine deutsche Freundin hatte und in deutschen Kreisen verkehrte. So sind wir gar nicht erst auf das Abstellgleis der Ghettos geraten.« Das sei für jede Integration extrem wichtig, so Pourkian. »In den ersten Jahren sollte man nur Kontakt zur Mehrheitsgesellschaft haben, um wirklich anzukommen, egal in welches Land man geht. Dann, nach einer Weile, kann man sich auch Freunde aus seinem Heimatland suchen, die alten Feste feiern, die Musik hören und die vertraute Atmosphäre genießen. Am Anfang kann ich das aber niemandem empfehlen, da muss man erst mal wirklich ankommen und sich integrieren.«

Diese Sätze erinnern mich an ein Gespräch mit einer Frau in New York, im Jahre 2005. Sie ist eine erfolgreiche Investmentbankerin, Italienerin und lebt seit zehn Jahren in New York. Sie sagte, dass sie die ersten acht Jahre jede Italienerin und jeden Italiener gemieden und regelrecht Bögen um sie gemacht hat, weil sie New York und die New Yorker kennenlernen wollte. Sie wollte mit der Sprache und den Menschen vertraut werden, unter anderem um ihre Arbeit sehr gut machen zu können. Vor allem wollte sie aber in der New Yorker Gesellschaft ankommen, sie wollte dort leben. Nach acht Jahren hat sie erstmals wieder Kontakt zu anderen Italienern aufgenommen. Ihre beste Freundin ist eine New-York-Italienerin und lebte mit einem New-York-Italiener in einer Wohngemeinschaft. So kann es gehen, und so kann es sehr gut gehen. Die Frage ist jedoch, ob die vielen Tausend bildungsfernen Einwanderer in Deutschland eine realistische Chance haben und hatten, auf diese Art und Weise das Land kennenzulernen?

Es gibt Menschen, die ganz bewusst in ein anderes Land gehen, um sich dort eine neue Heimat zu suchen. Die können auf diese Weise an die Sache herangehen und ihre neue Heimat erkunden. Doch die wenigsten Zuwanderer in Deutschland hatten solch einen Traum, als sie hierhin kamen. Deshalb haben noch viele, auch in der dritten Generation, eine Art Heimweh; selbst wenn sie in dem sogenannten Herkunftsland nicht zurechtkommen würden und sogar meist Heimweh nach Deutschland haben, wenn sie dort Urlaub machen.

Die meisten der 29 Frauen haben in Deutschland ganz klar ihre Heimat gefunden oder schon immer gehabt. Sie haben in Deutschland ihren Lebensmittelpunkt und ihr Leben eingerichtet. Bei der einen oder anderen Frau liest es sich zwar so, als ob es noch eine unklare Liebesbeziehung wäre, mit offenem Ende. Doch irgendwie hatte ich das Gefühl, dass auch sie sich zumindest ganz klar für Europa entschieden hätten. Das bedeutet natürlich nicht, dass eine Frau, die in der Türkei geboren wurde und in Deutschland aufgewachsen ist, nicht davon träumen kann, ihren Lebensabend in der Karibik zu verbringen (wie eine der Frauen es formuliert hat), und nicht jeden Winter zum Skifahren mit den Enkelkindern in die Schweiz fährt (Ergänzung von mir).

Jede Leserin, jeder Leser wird zum Schluss einen ganz eigenen Eindruck von den vielen Geschichten haben. Selbstverständlich. Mich haben die Geschichten auf eine essentielle Frage zurückgeworfen. Kämpfen wir am Ende nicht um Gleichberechtigung der Menschen, und vor allem um Gleichberechtigung der Geschlechter? Sind wir nicht auf der Suche nach Auswegen aus althergebrachten Strukturen? Jede einzelne der folgenden Geschichten zeigt uns individuelle Wege, aber auch politische Wege, sich zu emanzipieren. Sie sind Belege dafür, dass wir in einer multikulturellen Welt leben. Was für ein Glück.

Seyran Ates
Rechtsanwältin und Autorin

Dr. Lale Akgün

Bundestagsabgeordnete (SPD)

Lale Akgün wurde 1953 in Istanbul geboren. »Einen Tag vor meinem neunten Geburtstag kam ich dann zusammen mit meinen Eltern und meiner viereinhalb Jahre jüngeren Schwester nach Deutschland.« Besondere Vorstellungen von dem Land, das sie erwartete, hatte die Grundschülerin nicht, »es war eben einfach ein Umzug«. Akgüns Mutter war Mathematikerin, ihr Vater Zahnarzt, der »auf einem Kongress in Deutschland gewesen war und überlegt hatte, hier eine Weile leben zu wollen«. Der Start in der neuen Heimat klappte problemlos, »ich bin in Moers auf die Grundschule gekommen, habe mein Abitur gemacht und anschließend Medizin und Psychologie in Marburg studiert. In Psychologie machte ich auch mein Diplom.« Kontakte zu dem heutigen Hauptthema der Politikerin, der Integration, gab es damals noch nicht, was sich allerdings direkt nach dem Studium änderte.

»Die Stadt Köln startete damals ein Modellprojekt zur Beratung türkischer Familien und hatte deshalb schon im Jahr zuvor an allen psychologischen Fakultäten der Region nachgefragt, ob demnächst jemand mit Türkischkenntnissen seinen Abschluss machen würde.« Direkt nach dem Studium begann Akgün so mit dieser »spannenden Arbeit, wobei ich denke, dass viele der Probleme in diesen Familien auch aufgetreten wären, wenn sie in der Türkei geblieben wären. Aber kulturelle Probleme werden ja oft überbewertet. Ich hingegen denke, die Schwierigkeiten liegen oftmals im sozialen Bereich.« Wie schnell sich die Migranten an ihre neue Umgebung anpassten, habe sie damals schon an der Geburtenrate ablesen können: »Anfangs hatten alle noch vier bis fünf Kinder, inzwischen hat sich diese Zahl halbiert. Wenn die Menschen wirklich in Parallelgesellschaften leben würden, hätte es diese Veränderung nicht gegeben.«

Dass die Mehrheitsgesellschaft allerdings mit Strukturen aufwarte, die einen gesellschaftlichen und wirtschaftlichen Aufstieg für die einst gerufenen Arbeiter ebenso wie für die alte deutsche Arbeiterklasse schwer mache, erläutert Akgün am Beispiel des Schulsystems: »Unsere Schule ist ein Mittelschichtsystem. Die Lehrer kommen aus der Mittelschicht und sprechen deren Sprache und vermitteln ihre Werte.« Wer mit diesen schichtspezifischen Ansprüchen nicht zurechtkommt, gilt als Versager. »Wir müssen dieses System aber an die Klientel anpassen, nicht umgekehrt«, so Akgün. »Es gibt da eine schöne Karikatur aus den 1970er Jahren, darin sind ein Löwe, eine Schnecke, ein Fuchs und eine Schlange zu sehen. Der Lehrer sagt zu ihnen, alle bekämen die gleiche Chance, und wer zuerst auf dem Baum sei, habe gewonnen. Ähnlich ist die Situation in der Schule, wo ein Kind im Rollstuhl sitzt, ein anderes dick ist, ein drittes Kopftuch trägt – wir müssen die Anforderungen ändern, sonst gibt es keine Gerechtigkeit.«

Ihre Promotion schrieb Akgün über die Kulturabhängigkeit von Intelligenztests, denn ihr war aufgefallen, dass »viele Kinder, die ich vom Schulpsychologischen Dienst geschickt bekam, die vorgefertigten Tests nicht verstanden – auch dann nicht, wenn ich sie auf Türkisch übersetzte. Denn schließlich wird auch hier wieder die Mittelschichtsintelligenz abgefragt. Beispielsweise lautete eine der Fragen, was man tun solle, wenn man einen frankierten und adressierten Briefumschlag auf dem Gehweg finde. Die ›richtige‹ Antwort lautet: ›Ich stecke ihn in den nächsten Briefkasten.‹ Kinder aus der Unterschicht antworten aber meist, dass sie die Briefmarke ablösen und selbst verwenden, um anschließend den Brief zu lesen und zu sehen, ob etwas Interessantes darin steht. Das ist in ihrem Kontext durchaus auch eine intelligente Antwort – passt eben nur nicht ins System.«

Bis 1997 war Akgün in der Kölner Jugendhilfe tätig und von 1992 bis 1997 stellvertretende Leiterin der Familienberatung. Von 1997 bis zum Herbst 2002 baute sie das »Landeszentrum für Zuwanderung« auf und fungierte als dessen Leiterin. Funktion des Zentrums war es, eine Brücke zwischen Wissenschaft, Politik und Praxis zu bilden. »Wir haben dort erstmals auf die Integrationskurse in den Niederlanden hingewiesen und vorgeschlagen, diese auch in Deutschland einzuführen. Inzwischen gibt es sie

bundesweit.« Auch die Sprachausbildung im frühen Kindesalter sei ein An-
liegen des Zentrums gewesen – eine Forderung, die heute auch in der Bun-
despolitik zunehmend diskutiert wird. »Leider gibt es das Zentrum seit
2005 nicht mehr, die rot-grüne Landesregierung wurde abgewählt und die
Gelder wurden anschließend schnell gestrichen.«

Ihre politische Laufbahn begann Lale Akgün Anfang der 80er Jahre.
»1981 habe ich die deutsche Staatsangehörigkeit angenommen, nicht zuletzt, weil ich aktiv am politischen Geschehen teilhaben wollte. Ich bin 1982
in die SPD eingetreten, denn ich stamme aus einem sozialdemokratischen
Elternhaus und wollte meiner politischen Überzeugung auch eine politische
Heimat geben.« Inhaltlich hat sich die Abgeordnete vor allem im Bereich
der Sozialpolitik engagiert und kümmerte sich dort besonders um Migra-
tions- und Integrationsfragen. »Ich habe in diesem Bereich zwei Jahrzehnte
lang gearbeitet, in der psychologischen Praxis, Verwaltung und Wissenschaft. Also kenne ich die Probleme sehr gut, mit denen sich Migranten
konfrontiert sehen. Aber Migrantenpolitik mache ich eben nicht nur für
Migranten, sondern für alle. Denn Integrationspolitik ist für mich Sozial-
und Bildungspolitik, und das kommt allen Menschen zugute.«

2002 wurde Akgün im Kölner Südwesten direkt in den Deutschen Bun-
destag gewählt und war damals die erste muslimische Bundestagsabgeordnete. »Ich werde immer wieder gefragt, warum ich mich für den Islam in
Deutschland einsetze. Bei diesem Engagement treibt mich vor allem eins
um: der Wunsch nach Gerechtigkeit. Muslime sollen die gleichen Rechte genießen wie jeder andere. Gleiche Rechte implizieren auch gleiche Pflichten.
Dazu gehört die Unterordnung unter das Machtmonopol des Staates, unter
das Grundgesetz. Denn erst dadurch wird Religion zu der Privatsache, die
sie in unserem Land nun einmal ist. Dabei geht es mir nicht in erster Linie um den Islam, sondern um die Muslime, also um die Menschen, die sich
dahinter verbergen.«

Und diesen Menschen werde das Leben durch Gesetze auch heute noch
schwergemacht. »Jetzt im Sommer [2007; Anmerkung der Autorin] ist das
Einwanderungsgesetz so verändert worden, dass Zuwanderer aus bestimmten Regionen erst in der Heimat einen Deutschkurs machen müssen. Das

Gesetz sollte sich ursprünglich mal gegen Zwangsehen richten, herausgekommen ist meiner Meinung nach etwas ganz anderes: Den Frauen wird das Leben besonders schwer gemacht, weil sie nun erst mal in die Großstadt müssen, dort bei Verwandten unterkommen und einen Deutschkurs machen, den sie sich in der Regel vom Mann bezahlen lassen müssen. Da fragt sich doch, ob diese Frauen nun an Freiheit gewonnen haben? Davon mal abgesehen kann man ohnehin in Berlin besser Deutsch lernen als in Ankara oder Caracas!« Statt solcher Gesetze wünscht sich die Politikerin praktische Eingliederungshilfen hier vor Ort.»Die Integrationskurse sind ein guter Anfang, daneben könnte jeder Neueinwanderer aber auch einen Integrationslotsen an die Hand bekommen, der dann im ersten halben Jahr bei den alltäglichen Fragen hilft, zum Beispiel welche Deutschkurse belegt werden sollten, wie das Gesundheitssystem funktioniert, wo es Kinderbetreuung gibt.«

Dass die Bedingungen nicht nur für Migrantinnen, sondern für Frauen in Deutschland im Allgemeinen noch stark verbesserungsfähig sind, betont Akgün immer wieder.»Viele meinen offenbar, dass man aufhören könne mit dem Thema Emanzipation, weil Frauen doch nun das Wahlrecht hätten und abends ausgehen könnten. Das sehe ich ganz anders! Solange Frauen vor dem Diskobesuch ihrem Freund noch das Essen vorkochen, damit der in ihrer Abwesenheit nicht verhungert, und die Kindererziehung als Sache der Mutter gilt, haben wir noch einen langen Weg vor uns. Ich sage, dass erst wenn Frauen die Hälfte der Macht und die Hälfte des Kapitals in Händen halten, wir wirklich von Gleichberechtigung sprechen können!« Sorgen um ihre eigene Tochter brauche sie sich indes nicht zu machen.»Die stand mal als 4-Jährige am Fenster, als ein Nachbarsjunge sie von draußen zum Spielen auffordern wollte und dabei gegen die Scheibe fasste. Da hat sie ihm gesagt, er solle seine Finger vom Fenster nehmen, ›Das hat mein Vater gerade geputzt!‹. Da wusste ich, wenn ein Mädchen so selbstverständlich mit einem im Haushalt tätigen Vater aufwächst, wird es sich als Frau immer durchsetzen können.«

Nafia Alkan

Unternehmerin
(Büro- und Gebäudereinigung)

Nafia Alkans Geschichte würde gut in ein Buch mit dem Titel »Vom Teller-wäscher zum Millionär« passen. In Burdur, einem Ort in der Nähe Antalyas, aufgewachsen, empfand sie ihre Kindheit als glücklich. Der Vater war ein kleiner Fuhrunternehmer, der selbst oft am Steuer eines seiner LKWs saß, und die Mutter kümmerte sich um den Haushalt und die Kinder. Nafia, das dritte und jüngste Kind der Familie, war »immer ganz nah bei der Mutter«. Die starb allerdings 1986, was das Leben der damals 16-Jährigen von ei-nem auf den anderen Tag änderte. »Mein Vater wollte sofort wieder heira-ten, aber ich konnte mir nicht vorstellen, zu einer anderen Frau auf einmal ›Mama‹ sagen zu sollen und sie als meine Mutter zu respektieren.« Also be-schloss Alkan, so schnell wie möglich die Familie und den Ort zu verlas-sen. »Eigentlich wollte ich studieren und Rechtsanwältin werden. Mir fehlte nur noch ein Jahr bis zur Aufnahmeprüfung, aber ich wollte sofort weg.«

Der schnellste Weg ergab sich über einen Mann: Er war zwanzig Jahre alt, Deutsch-Türke und mit seinen Eltern gerade zu Besuch in der Türkei. »Er sagte, seine Eltern würden eine Frau für ihn suchen, und da habe ich gemeint: ›Vielleicht ja mich?‹« Der Mann hatte prinzipiell keine Einwände, so dass die Eltern zur gegenseitigen Betrachtung erschienen. »Am Donners-tag gingen wir dann das erste Mal miteinander aus, am Freitag kamen seine Eltern und am Montag haben wir geheiratet.« Einen Monat später, im Februar 1987, kam Nafia zur neuen Familie nach Deutschland. Der erste Eindruck der schleswig-holsteinischen Kleinstadt Kaltenkirchen war gut. Alles sei »schön, sauber, praktisch, diszipliniert und korrekt« gelaufen. »Das war interessant zu sehen, wie die Leute hier so leben. Zum Beispiel gab es

Ampeln für Fußgänger, wo dann alle anhielten und erst bei Grün gingen. Ich habe auch gesehen, wie sich Jugendliche auf der Straße küssten, und mich erschrocken!« Im Großen und Ganzen gratulierte sich die Neueinwanderin zu ihrem Schritt in die ferne Welt, was sich allerdings schnell ändern sollte.»Nach wenigen Tagen begann mein Martyrium.« Der Mann ging zur Arbeit, sie blieb mit der Schwiegermutter allein zurück und musste sie den ganzen Tag über bedienen.»Ich habe alles machen müssen: putzen, kochen, selbst die Unterwäsche bügeln. Doch sie war nie mit mir zufrieden.« Kam ihr Mann dann am Abend nach Hause, beschwerte sich seine Mutter bei ihm.»Sie sagte nie direkt zu mir, was ich falsch gemacht hätte, sondern lief immer direkt zu meinem Mann. Sie sagte dann, ich hätte zum Beispiel den Tee nicht richtig eingegossen. Und dann gab es Schläge.«

Einen Ausweg schien es zunächst nicht zu geben. Zusätzlich zur täglichen Hausarbeit musste die junge Frau am späten Abend auch noch putzen gehen.»Mein Schwiegervater oder mein Mann haben mich nach Dienstschluss in Büros gefahren, die ich dann sauber gemacht habe. Von dem verdienten Geld habe ich aber nichts gesehen, davon ging mein Schwiegervater lieber Karten spielen oder in den Puff.« Kontakt zur Außenwelt hatte Alkan kaum – weder zu den Nachbarn noch zur Familie in der Türkei, dafür sorgte ein von den Schwiegereltern angebrachtes Schloss am Telefon. Auch Deutsch lernen zu dürfen, musste sie sich hart erkämpfen. »Ich wollte die Sprache hier verstehen, aber meine Schwiegereltern meinten, es reiche, wenn sie sich verständigen könnten.« Schließlich konnte die junge Türkin ihren Mann zu einem Besuch in der örtlichen Bücherei überreden, wo er einen Sprachkurs für sie auslieh.»Dann habe ich begonnen, nachts heimlich die Deutschkassette zu hören, damit seine Eltern nichts davon mitbekamen.« Mit Kopfhörern unter der Bettdecke schaffte Alkan so den ersten Schritt in Richtung Freiheit und Aufstieg.

Als die junge Frau schwanger wurde, schaffte sie es endlich, ihren Mann zum Umzug in eine eigene Wohnung zu überreden. Die Schwiegereltern waren nicht begeistert und straften das Paar ab.»Wir hatten gemeinsam mit meinen Schwiegereltern einen Kredit für ein Haus in der Türkei aufgenommen. Als wir auszogen, hörten sie auf, den zu bedienen –

wir mussten ganz alleine die Tilgungszinsen abzahlen.« Da durch den Kredit und die Wohnungsmiete fast das ganze Einkommen ihres Mannes verbraucht wurde, ging Nafia bereits kurz nach der Geburt ihrer ersten Tochter wieder putzen. »Ich musste mein Kind allein in der Wohnung zurücklassen und wusste nie, wie ich es bei der Rückkehr vorfinde.« Das Ehepaar bekam noch zwei weitere Kinder und ihre soziale Situation verschlechterte sich mit den Jahren. 1995 bekam Alkan dann eine Stelle als Reinigungskraft im Kaltenkirchener Krankenhaus. Und damit wendete sich das Blatt: »Ich putzte im Krankenhaus und hatte wieder viele Schläge von meinem Mann bekommen, also putzte ich und weinte, putzte und weinte. Dann legte mir ein Mann seine Hand auf die Schulter und fragte, was mit mir los sei.« Der Mann war Pastor im Nachbarort und lag wegen eines gebrochenen Beines im Krankenhaus. Er ließ sich nun von der jungen Türkin erzählen, dass es Ärger zu Hause gegeben hätte und sie ganz dringend mehr Arbeit bräuchte, um mehr Geld zu verdienen. Vom Beinbruch kuriert besorgte der Pastor ihr schließlich Reinigungsaufträge für zwei Kirchen und ein Gemeindehaus im Nachbarort. Damit begann der Aufschwung in Alkans Leben. Per Empfehlung kamen weitere Arbeitgeber hinzu; die Deutschkenntnisse und das Selbstbewusstsein der Einwanderin wuchsen, so dass sie schließlich selbst begann, sich bei Firmen vorzustellen, und »von morgens fünf bis kurz vor Mitternacht arbeitete«. Ab 1998 begann die junge Türkin Mitarbeiter einzustellen. Heute hat sie ein Putzunternehmen mit fast sechzig Angestellten und putzt nicht mehr selbst, sondern beaufsichtigt vor allem das Personal. Um die diversen Stellen besser erreichen zu können, »habe ich mir eines Morgens gesagt, als ich wieder um vier Uhr meinen alten Ford anschieben musste: Du brauchst ein ordentliches Auto!« Das ist ihr gelungen: Das größte Statussymbol auf dem Parkplatz des Kaltenkirchener Krankenhauses gehört der Jungunternehmerin. Sie ging, nachdem sie den Entschluss gefasst hatte, sich ein neues Auto zu kaufen, zur nächsten Mercedes-Vertretung, zeigte auf einen »Wagen, der mir gefiel, und fragte, ob der auch Navigationssystem hat. ›Gute Frau‹, meinte der Verkäufer, ›bei dem Preis hat ein Auto alles!‹, und ich habe gesagt: ›Gut, wann kann ich ihn abholen?‹« Der Mann schwärme noch heute von dem kürzesten Verkaufsgespräch seines Lebens. Nafia ist zufrieden mit ihrem Sechszylinder 320E und lacht: »Der kannte immer nur Frauen, die mit ihren Männern kommen und die dann fragen müssen.« Von ihrem eigenen Mann ist die 38-Jährige inzwischen geschieden. »Ich habe siebzehn Jahre lang gedacht, dass es besser wird, aber es wurde nur immer schlimmer.« Im türkischen Umfeld ihrer Kleinstadt sei diese Entscheidung nicht gut angekommen. »Die sagen alle, ich hätte ihn rausgeworfen, weil ich jetzt Geld hätte. Sie wissen ja auch nicht, was ich alles durchgemacht habe.« Es werde auch sonst viel geredet, was Alkan jedoch nicht auf sich sitzen lassen will: »Eine Schlampe bin ich ganz sicher nicht!« Unter permanenter Kontrolle steht sie dennoch. »Ich hatte da einen Mitarbeiter bei Burger King in Bad Bramstedt, der meinte, die Arbeit sei in einer einzigen Nachtschicht nicht zu machen. Ich habe das ausgerechnet und konnte seine Einwände nicht verstehen. Also bin ich drei Nächte lang immer um 2.30 Uhr aufgestanden und zu ihm gefahren. Jedes Mal habe ich ihn schlafend vorgefunden, da wusste ich, warum er nicht fertig wurde.« Dass sie nachts unterwegs war, wussten da auch schon alle, immerhin wurde sie von den Gemüsehändlern auf dem Weg zum Großmarkt erkannt: »Mir wurde gesagt: ›Wir haben dich gesehen, mitten in der Nacht auf dem Weg nach Bad Bramstedt!‹ Und dann erwartete man eine Erklärung, denn eine türkische Frau hat ja nachts nichts auf der Straße zu suchen.« Vielleicht wird es ihr in Zukunft gelingen, auch mal inkognito unterwegs zu sein, denn Alkan macht neuerdings den Motorradführerschein. »Ich habe noch ein wenig Angst, dass etwas passieren könnte, aber der Fahrlehrer meint, über den Punkt werde ich hinauskommen.« Wenn sie die Prüfung bestanden hat, will sie sich ein schönes Zweirad gönnen – »eines mit viel Technik«. Das etwas ruhigere Hobby Golf hat die Unternehmerin schon nach einer Saison an den Nagel gehängt. »Als ich anfing, schien immer die Sonne und ich stand da im T-Shirt und habe mich ein bisschen in der freien Natur bewegt. Dann kam der Herbst, ich stand in dicker Jacke im Regen und habe beschlossen, dass es mir so keinen Spaß macht.« Für Geschäftsabschlüsse braucht sie das löchrige Hobby auch nicht. »Ich bin inzwischen in der Innung der Büro- und Gebäudereiniger. Das erste Mal kam ich eine Viertelstunde zu spät, machte die Tür auf und fand mich in einem Saal mit achtzig Männern wieder. Ich war die einzige Frau!« Nach dem offiziellen Vortrag gab es einen lockeren Umtrunk und Alkan wurden Dutzende Visitenkarten zugesteckt. »Ich konnte mir so schnell nur die wenigsten Gesichter zu den Karten merken – aber ich selbst bin jetzt in der Branche wohl recht bekannt.«

Die Frage, ob sie gläubig ist, beantwortet Alkan mit »Ja«. Jeden Morgen nach dem Aufstehen werde zunächst geduscht und dann gebetet. Der Koran steht sichtbar auf einem kleinen Intarsientischchen mitten in ihrem Wohnzimmer und wird häufig gelesen. Im alltäglichen Leben spiele der Glaube ohnehin eine große Rolle. »Ich würde zum Beispiel nie meine Angestellten schlecht behandeln oder eine zu hohe Rechnung ausstellen.«

Wieder in der Türkei zu leben, kann sich die inzwischen eingebürgerte Deutsche jedoch nicht vorstellen. Kaltenkirchen sei eine schöne Stadt, hier sei der Standort ihres Unternehmens und zudem habe sie schließlich auch »einiges Geld in Immobilien angelegt«. Hätte sie jedoch gewusst, was auf sie zukommt, wäre sie nicht nach Deutschland gekommen. »Ich bin eine Kämpferin und hätte in der Türkei bestimmt eine bessere Karriere gemacht.« Außerdem gäbe es in Deutschland auch ein paar Nachteile: »Die Deutschen sind wie Roboter. Man besucht sich nur am Wochenende und alles besteht aus Konsequenz, Disziplin und Distanz. Ich habe mich so sehr daran angepasst, dass ich hier Arbeit lebe und Arbeit träume. Meine Rolle als Frau und Mutter ist dabei zu kurz gekommen.« Bei der nachfolgenden Generation sieht sie diese Eigenschaften allerdings zu wenig ausgeprägt. »Die hier geborene Generation ist ziemlich faul. Die Eltern sind hergekommen, um Geld zu verdienen, und wollten dann wieder nach Hause. Deshalb haben sie wenig Zeit gehabt, ihre Kinder zu erziehen. Viele der Kinder sind deshalb nicht besonders selbstbewusst, haben keinen Schulabschluss und finden keinen Job.« Die Zukunft ihrer eigenen Kinder sieht Alkan jedoch positiv. Die Älteste hat nach dem Schulabschluss Kosmetikerin gelernt und die beiden Jüngeren gehen auf die örtliche Waldorfschule. »Da wird auch auf die seelische Entwicklung der Kinder geachtet und nicht immer nur Druck gemacht. Ich glaube, das ist sehr wichtig, damit sie wirklich selbstbewusste und selbständige Menschen werden.«

Mehtap Ardahanli

Fußballerin und Steuerfachgehilfin

Zu den »Migrantinnen«, die nie außerhalb ihrer Geburtsstadt gelebt haben, gehört Mehtap Ardahanli. 1970 in Berlin geboren, träumte sie schon als Kind davon, in der türkischen Fußballnationalmannschaft zu spielen. Mit fünfundzwanzig Jahren stand sie dann wirklich zum ersten Mal im roten Dress der Türkinnen auf dem Platz. Bis dahin gab es aber den ein oder anderen Widerstand zu bewältigen. »Mein Vater liebt Fußball, der hatte von Anfang an nichts dagegen gehabt, dass ich spiele. Aber meine Mutter und der Rest der Verwandtschaft waren dagegen.« 1983 trat Ardahanli erstmals im Vereinsdress gegen den Ball. Damals gab es neben der Mittelfeldspielerin nur eine andere Türkin in Berlin, die sich gerne die Stulpen überwarf. Die heute 37-Jährige war folglich in der Position einer Eisbrecherin. »Heute sieht es ganz anders aus, da spielen viele türkische Frauen mit. Es freut mich sehr, dass es inzwischen ganz normal ist und auch nicht mehr kommentiert wird.«

Dass sie mitgeholfen hat, türkische Fußballerinnen zu deutscher Normalität werden zu lassen, reicht Ardahanli jedoch nicht. Gerade hat sie den Kampf aufgenommen, den Frauenfußball insgesamt zu fördern. Ihre Ausgangsbasis ist dabei der 2003 gegründete türkische Fußballclub »BSV Al Derimspor«. Der Kreuzberger Club verfügt über insgesamt knapp zwanzig Mannschaften und ist somit ein eher kleiner Verein. Zwei dieser Teams bestehen aus Frauen, die von Ardahanli trainiert werden; in der besseren der beiden Mannschaften steht sie zusätzlich auch selbst mit auf dem Platz. Das Wachstum des Frauenzweiges von Al Derimspor zeigt in Qualität und Quantität nach oben: »Wir standen an unserem ersten Trainingstag noch mit acht Frauen da, sind dann aber gleich in der ersten Saison in die Landesliga aufgestiegen und nach nur einem Jahr in die Verbandsliga, die höchste Liga Berlins. Letztes Jahr sind wir dort Fünfte geworden und wollen dieses Jahr wieder aufsteigen.« Aus den ehemals acht Spielerinnen sind inzwischen fünfunddreißig geworden, unter ihnen Griechinnen, Deutsche, Bulgarinnen, Araberinnen sowie eine Frau aus Südkorea und eine Iranerin.

In den Iran fuhren die Al-Derimspor-Frauen im letzten Jahr zu einem historischen Kick. Ardahanli erzählt mit Begeisterung von dieser Reise. »Wir sind gegen die iranische Nationalelf angetreten. Die dürfen normalerweise nur in der Halle spielen, ohne Zuschauer. Unser Spiel war ihr erstes unter freiem Himmel – und es waren 2500 Zuschauerinnen im Stadion!« Normalerweise dürfen Frauen dort nicht einmal beim Fußball zuschauen. Zustande gekommen war diese Reise durch einen Kontakt zu einem iranischen Regisseur, der einen Kinofilm über das Spiel drehen wollte. Zum Rückspiel in Deutschland durften die Iranerinnen selbst leider nicht kommen. »Eigentlich sollte es im Sommer 2007 einen Besuch der Nationalelf bei uns in Berlin geben, wo wir wieder gegeneinander antreten wollten. Aber leider kam es zu politischen Verwicklungen, so dass der Besuch im letzten Moment abgesagt werden mussten.«

Auch ohne diese Partie im Rücken kämpft sich die Mittelfeldspielerin vor. Im Herbst 2007 ließ sie sich in den Vorstand von Al Derimspor wählen. »Ich finde es ungerecht, dass Männer schon in den Jugendligen Aufwandsentschädigungen bekommen und Frauen sogar in der Bundesliga Fußball zum Großteil nur als Hobby betreiben können. Ich möchte dafür eintreten, dass sich das ändert. In unserem Verein spielen wir Frauen zum Beispiel eine Liga über den Männern. Das sollte auch honoriert werden.« Neben Ardahanli sitzen zwei weitere Frauen in dem siebenköpfigen Vorstand, der sicher energievollen Diskussionen entgegensieht.

Die Anerkennung auf dem Platz ist den multikulturell aufgestellten Türkinnen jedoch inzwischen sicher. »Als wir anfingen, gab es anfangs ein paar Ressentiments, aber das hat nicht lange gedauert, bis es hieß: ›Oh, ihr seid ja nett!‹, und dann hat sich das alles schnell aufgelöst.« Sich ein wenig durch Sprache abzugrenzen erscheint der Fußballerin dennoch sinnvoll. »Auf dem Platz sprechen wir meistens Türkisch, damit die Gegnerinnen uns nicht verstehen.« Für das eigene Team sei das kein Problem, da »unsere beiden Griechinnen sowieso schon gut Türkisch konnten, als sie mit dem Spielen begannen, schließlich sind sie Kreuzbergerinnen und hatten viele türkische Freundinnen«. Rudimentäre Kenntnisse der Vereinssprache hatten fast alle der zumeist im Kiez aufgewachsenen Frauen, die Fachbegriffe werden Neulingen dann schnell beigebracht. »Bei uns wird jede gerne aufgenommen, und bisher haben auch alle gut ins Team gepasst, es gab noch keine Spannungen.« Man lerne sich so schnell und gut kennen, dass eventuelle Vorurteile leicht abgebaut werden könnten.

In einem eher türkisch geprägten Umfeld zu leben, war Ardahanli nicht in die Wiege beziehungsweise vor die Haustür gelegt worden. »Ich bin im Berliner Stadtteil Britz aufgewachsen. Auf der Realschule, die ich besucht habe, waren damals außer mir nur drei andere Ausländer.« Türkisch habe sie deshalb auch nur mit den Eltern gesprochen, »aber inzwischen wird das durch die Vereinsarbeit besser«. Die großen Idole der Türkin kommen jedoch aus dem Ausland. »Ich bin ein großer Maradona-Fan, auch Zidane gefällt mir.« Bei der Weltmeisterschaft hat die Nummer zehn von Al Derimspor »höchsten zwei oder drei Spiele verpasst. Das war eine schöne Zeit – nur die Türkei hat gefehlt.« Denn welcher Nationalmannschaft sie die Daumen hält, ist für Ardahanli ganz klar. »Ich bin Türkin und habe mich bisher noch nicht einbürgern lassen. Manchmal denke ich aber, das wäre praktischer, weil man als Ausländer immer seinen Ausweis mitnehmen muss, und der ist groß und unhandlich.«

Mit Ausländerfeindlichkeit hat sie bisher keine Erfahrungen machen müssen. »Ich weiß, dass es einigen meiner Freundinnen anders ergangen ist, aber ich habe nie Probleme gehabt.« Einmal aus Berlin wegzuziehen plant die 37-Jährige nicht, warum auch. »Ich bin selbständig als Steuerfachgehilfin, der Beruf macht mir Spaß; meine Eltern und Geschwister leben hier, ich habe Freunde – und zwei Fußballmannschaften zu trainieren. Auf die Frage, was sich ändern müsse, damit mehr Migrantinnen ihren Weg des Erfolges finden, fällt der energievollen Kickerin nichts ein: »Wenn man was machen will, ist es egal, woher man kommt. Dann muss man den Weg einschlagen und machen, was man vorhat – und dann klappt das auch!«

Methap Ayhan

Rechtsanwältin

1971 kam Methap Ayhan in Berlin zur Welt – und machte schon vierzig Tage später ihre erste größere Reise. »Meine Eltern haben beide gearbeitet und hatten keine Möglichkeit, mich hier zu betreuen. Also haben sie mich einer Bekannten mitgegeben, die nach Istanbul flog. Dort haben mich dann meine Großeltern in Empfang genommen.« Um sicherzugehen, dass bei dieser Verschickungsaktion auch das richtige Kind in den Händen der Verwandtschaft landete, »hat meine Mutter mir einen schwarzen Punkt hinter das rechte Ohr gemalt. Den hat mein Opa dann kontrolliert und mich anschließend in sein Haus in Westanatolien mitgenommen.« Dort besaß die Familie viel Land, aber wenig flüssiges Geld, »weshalb meine Eltern ja auch nach Deutschland gegangen waren. Für mich war die Kindheit in der Türkei aber toll!« Neben Ayhan und ihrer vier Jahre älteren Schwester lebten noch acht Cousinen und Cousins im Haus der Großeltern. »Wir haben alle in einem Raum geschlafen. Nachts wurden Matten ausgerollt, auf denen dann meine Oma und mein Opa an den Enden des Zimmers schliefen und wir Kinder dazwischen. Als meine Eltern uns 1978 nach Berlin holen wollten, mochten meine Schwester und ich gar nicht mitkommen.« Schließlich sei die Beziehung zu den Großeltern sehr eng und schön gewesen, »an meine Eltern kann ich mich dagegen in dieser Zeit gar nicht erinnern. Sie waren wohl immer in den Ferien da, aber wahrgenommen habe ich sie damals nicht.«

Der geplante Neustart in Deutschland wurde so zu einem Misserfolg. »Die Lehrer in unserer Schule in der Türkei waren alle Verwandte, Tanten und Onkel zweiten und dritten Grades. Jetzt kamen wir nach Berlin, kannten überhaupt niemanden und hatten jede Nacht Alpträume, dass jemand in der Türkei gestorben sei. Nach drei Monaten haben uns unsere Eltern deshalb wieder gehen lassen.« Um den Töchtern eine bessere Ausbildung zu ermöglichen und um den Abstand zwischen den Töchtern und ihren Großeltern zu vergrößern, wurden die beiden zunächst auf ein Mädcheninternat in einer nahe gelegenen Stadt geschickt. »Dort blieben wir dann ein Jahr, bis meine Eltern einen zweiten Anlauf in Berlin wagten.« Inzwischen hatte Ayhan zwei jüngere Brüder bekommen, »den älteren der beiden kannte ich schon aus der Türkei – als wir dann in Berlin ankamen, sah ich noch ein blondes Kleinkind im Strampler auf dem Sofa und dachte nur ›Das wird dein zweiter Bruder sein.‹« Der erste Eindruck von Berlin war »groß – alles kam mir gewaltig groß vor. Auch vor dem Schulgebäude mit seinen riesigen Stuckfiguren und dem großen Eingangsportal hatte ich gehörigen Respekt.«

Ayhan und ihr ein Jahr jüngerer Bruder kamen gemeinsam in die zweite Klasse. »Es war eine Integrationsklasse, in der nur ausländische Kinder saßen. Nach drei Monaten kamen wir dann in eine normale Klasse. Dort waren viele arabische Kinder, auch zwei türkische Mädchen, die allerdings nichts mit mir zu tun haben wollten.« Nach der vierten Klasse zog die Familie um, »denn auf dieser Schule mitten in Berlins Tiergarten konnten wir nicht viel lernen – es waren zu viele Migrantenkinder in den Klassen«. Auf der neuen Schule gab es zwar kaum Zuwanderer, dafür aber Ausgrenzung. »Ich war immer sehr ehrgeizig und gut in der Schule. Die neuen Mitschüler haben mich überhaupt nicht gemocht und mich immer wegen meiner Sprache und meinem Aussehen gehänselt. Nur wenn es dann um das Abschreiben der Hausaufgaben ging, hatten sie Respekt vor mir und baten mich um Hilfe.«

Einmal, so Ayhan, sei es ihr zu viel geworden, »da hatte ich wieder irgendetwas Falsches gesagt und war ausgelacht worden. Also habe ich mich mit dem Jungen geprügelt und war so wütend, dass ich ihm überlegen war. Das hat ihn schwer beeindruckt, weshalb er ab dem Tag in mich verliebt war. Passiert ist aber natürlich nichts, einen Freund zu haben wäre ja tabu gewesen.« Dass Kontakte mit Jungen nicht in Frage kamen, sei »klar gewesen, das musste man mir gar nicht direkt sagen, ich wusste es einfach«. Ihre beste Freundin sei deshalb auch ein polnisches Mädchen gewesen, das »erz-katholisch war. Auf Klassenfahrten haben wir dann die anderen beim Knut-schen gesehen und fanden, dass wir ›die Guten‹ waren, wir wollten damit nichts zu tun haben.« Selbst auf solche Fahrten zu gehen, war für die Schü-lerin kein Problem, »vermutlich weil mein Bruder ohnehin immer dabei war. Wir gingen ja in dieselbe Klasse.«

Ihre ältere Schwester musste hingegen zu Hause bleiben, wenn die Klasse auf Reisen ging. »Sie hat noch während der Schulzeit nach Baden-Württemberg geheiratet und machte dann dort ihr Abitur, studierte erfolg-reich BWL und bekam zwei Kinder. Inzwischen ist sie in zweiter Ehe mit einem Deutschen verheiratet und lebt in der Schweiz. Letztlich haben wir also alle unseren Weg gemacht.« Dass eine gute Schulbildung wichtig ist, brachten die Eltern allen Kinder gleich bei. »Das erste deutsche Wort, das ich aus ihrem Mund hörte, war ›Gymnasium‹. Wir sollten nicht werden wie sie, sondern studieren. Sie hatten sogar einen Fächerwunsch für jedes Kind: Für mich war Medizin vorgesehen, für meinen Bruder Maschinenbau.« Ayhans Mutter, die selbst nur bis zur zweiten Klasse zur Schule gegangen war, »kontrollierte immer unsere Hausaufgaben und hat uns das Gefühl vermittelt, sie verstehe, worum es da ging, und könne uns wirklich über-prüfen«. Um die Studienchancen zu erhöhen, schickten die Eltern ihre Kin-der auf ein humanistisches Gymnasium, »schließlich braucht man als Ärz-tin ja Latein«, lacht die heutige Rechtsanwältin. Nach der zehnten Klasse habe sie es auf der Schule aber nicht mehr ausgehalten. »Das war die Zeit, als die Republikaner begannen, Wahlerfolge zu erzielen, und die Stimmung angespannter wurde. In unserer Klasse haben sie dann dauernd Türken-witze erzählt. Ich fand das nicht komisch und bin auch zur Klassenlehrerin gegangen. Die unternahm allerdings gar nichts, sondern sagte nur, das sei doch nicht schlimm und ich solle darüber lachen.« Als Martin, einer ihrer Mitschüler, wieder einmal besonders über »Ausländer« herzog, »habe ich mich im Unterricht mit einer Freundin direkt hinter ihn gesetzt und ihr ge-sagt, sie solle mir nur zuhören und zustimmen. Dann habe ich so laut, dass er es mitbekommen musste, erzählt, ich hätte jetzt meinem Cousin Be-scheid gesagt, der werde mit zwanzig Freunden auf Martin warten und ihn richtig vermöbeln. Ich hatte gar keinen Cousin in Berlin, aber die Drohung hat trotzdem gewirkt, so dass Martin nach der Schule zu mir kam und sich entschuldigte.«

Auf Dauer waren die Hänseleien und Vorwürfe allerdings zu viel für Ayhan, weshalb sie nach der zehnten Klasse die Schule wechselte. »Dann bin ich auf ein Oberstufenzentrum in Wedding mit einem Ausländeranteil von ungefähr neunzig Prozent gegangen – das war sehr schön! Ich habe mich auch äußerlich total verändert. Ich war vorher eine graue Maus gewesen und sah nun die ganzen Türkinnen mit Dauerwellen und Piercings – die Migrantinnen waren ja die Ersten in Berlin, die solche Stecker in der Nase getragen haben. Also habe ich auch angefangen, mich anders zu kleiden und auszugehen.« Die Diskussionen rissen aber auch hier nicht ab, nur die Frontlinien verliefen anders. »Ich streite ja gerne, deshalb passt der Beruf Anwältin vermutlich auch so gut zu mir! Innerhalb unserer neuen Schule gab es dann viele Konflikte zwischen Kurden und türkischen Nationalisten. Ich war damals sehr idealistisch und habe für die Rechte der Kurden gestritten. Die Konservativen wollten nicht über die Kurden reden, sondern meinten, die seien kein eigenes Volk, sondern Bergtürken – und man müsse in schwierigen Situationen zusammenhalten, wenn man sein Land liebe. Wir anderen haben argumentiert, dass wir die Türkei viel mehr lieben, deshalb wollten wir Kritik üben und das Land so verbessern.«

Kurz vor dem Abitur kam dann noch ein weiterer Sprengstoff zu den regelmäßigen Diskussionen hinzu: die Religion. »Einige wurden auf einmal sehr fromm und sogar fundamentalistisch. Ich habe mich dann immer sehr aufgeregt und gefragt, wie es sein könne, dass ein Mann das Kopftuch für Frauen fordere, um sie angeblich zu schützen. Ich meinte dann, im Koran stünde: ›Du sollst kein fremdes Weib anschauen‹, ich könne also auch nackt vor ihnen herumlaufen und sie dürften nicht gucken. Wenn sie also eine Kopfbedeckung für Frauen forderten, könne es mit ihrer Gesinnung nicht so weit her sein. Ich selbst bin Alevitin, wir dürfen auch mit Männern zusammen in einem Raum beten. Damals habe ich meine Meinung in dieser Hinsicht immer sehr offensiv vertreten, was natürlich für viel Konfliktstoff gesorgt hat!«

Zu Hause blieb es dagegen eher ruhig. »Als ich achtzehn wurde, kam mein Vater zu mir und sagte, ich sei jetzt nach dem Gesetz volljährig und könne tun und lassen, was ich wolle. Er hoffe allerdings, ich wisse, was sich gehöre. Und – ich solle nicht vor dem vierten Semester mit einem Freund ankommen. Ich war eine gute Tochter und habe mich daran gehalten.« Das Studienfach bestimmte die dynamische Rechtsanwältin jedoch lieber gegen den Wunsch der Eltern. »Mein Vater war nicht begeistert von Jura, da ich damit nur in Deutschland arbeiten könne. Das störte mich aber nicht weiter, da ich ja sowieso in Deutschland bleiben und tätig sein wollte.«

Während des Studiums lebte die heute 36-Jährige anfangs noch bei ihren Eltern. »Ich musste um Mitternacht wieder zurück sein, konnte bis dahin aber ausgehen. In dem Alter sind viele Mädchen von zu Hause abgehauen, wie man damals sagte, sie sind also einfach ausgezogen. Ich selbst fühlte mich aber nicht eingeengt, da ich zumindest bis Mitternacht unterwegs sein konnte.« Erst zwei Jahre später suchte sich Ayhan eine eigene Wohnung, »die allerdings in der Parallelstraße meiner Eltern lag. Wenig später habe ich dann auch meinen heutigen Mann kennengelernt.« Kurz darauf stand der erste Besuch des kommenden Schwiegersohns, eines deutschen Stuckateurs, in der Familienwohnung auf dem Programm. »Der ist dann aber gründlich schiefgelaufen: Mein Mann sieht nicht typisch deutsch aus, sondern geht eher als Spanier oder Italiener durch. Als meine Mutter die Tür öffnete und ihn sah, waren ihre ersten Worte: ›Du siehst ja gar nicht aus wie *Peter!* Frag doch noch mal bei deiner Mutter nach, wie das gelaufen ist.‹ Mein Vater hatte extra eine gute Flasche Rotwein aufgemacht, aber mein Mann ist Antialkoholiker. Außerdem isst er keinen Fisch, das Leibgericht meines Vaters, das der extra für diesen Abend selbst gekocht hatte. Ich habe den halben Abend in der Küche verbracht und mich geschämt.« Obwohl alle Beteiligten sich das Begrüßungstreffen etwas anders vorgestellt hatten, akzeptierte man sich mit der Zeit. Inzwischen haben die beiden einen 7-jährigen Sohn, »der leider kaum Türkisch spricht. Er versteht zwar alles, antwortet dann aber auf Deutsch.«

In ihrer Kanzlei spricht die Rechtsanwältin hingegen jeden Tag Türkisch. Gemeinsam mit ihrem Bruder hat sie sich in Kreuzberg selbständig gemacht, »und dann ein großes Schild rausgehängt, ›Avukat‹, weil ich mir dachte, dass viele wegen des Namens kommen würden. Das war dann auch so. Nicht geplant hatte ich allerdings, dass ich dann so viel mit Ausländerrecht zu tun haben würde – was sich aufgrund der Klientel so ergeben hat. Inzwischen liebe ich das Ausländerrecht, allerdings nicht wegen des Inhaltes, sondern weil man so viel damit machen kann.« Und zu tun gibt es noch eine ganze Menge, berichtet die durchsetzungsfähige Anwältin. »Es gibt viele rechtliche Möglichkeiten für Ausländer, die muss man aber genau kennen und offensiv einfordern. Die Ausländerbehörde prüft nämlich immer, was sie verweigern kann, und nicht, was rechtlich möglich wäre. Das ist schon für mich als Rechtsanwältin ärgerlich, aber für die Betroffenen natürlich erst recht.« Auch die ganze Atmosphäre auf dem Amt sei stark verbesserungsfähig. »Das beginnt beim Pförtner und zieht sich durch die Büros. Viele Mitarbeiter dort sind ganz einfach ausländerfeindlich. Da komme ich zum Beispiel als Anwältin mit einem Klienten auf die Minute zu einem vorher abgesprochenen Termin und werde statt mit einem ›Guten Tag‹ mit ›Wer sind Sie denn?!‹ begrüßt. Ich möchte dann nicht wissen, wie sie mit Menschen umgehen, die nicht gut Deutsch sprechen und kein rechtliches Wissen haben.«

Viele der Sachbearbeiter neigten auch zur Profilierungssucht, »die befolgen nicht einmal die Richtlinien des eigenen Hauses, sondern schauen nur, ob sie nicht doch noch etwas mehr ablehnen können. Ich habe schon oft erlebt, dass ich zum Beispiel jemanden als Klienten hatte, der geringfügig sozialversicherungspflichtig beschäftigt ist und daneben auch selbständig tätig. Rein rechtlich kann das für eine Aufenthaltserlaubnis insbesondere für die Türken, da sie eine besondere rechtliche Stellung genießen, absolut ausreichend sein, dennoch kommen dann Kommentare wie ›Ich persönlich habe damit ein Problem‹. Dabei sollte es hier ja nicht um persönliche Befindlichkeiten gehen, sondern um die Befolgung geltenden Rechts.« Hat die Rechtsanwältin dann für einen Klienten eine Zusage erreicht, heißt es von Behördenmitarbeitern schon mal: »Ihr Einsatz hat sich gelohnt.‹ Ich aber frage mich, warum sie meinem Klienten nicht gleich sein Recht zugestanden haben.« Sehr häufig hörte die Anwältin auch direkt formulierte Vorurteile:»Die sagen dann: ›Wir kennen die Türken, die kommen hierher, zeigen uns drei Abrechnungen, holen sich ihre Papiere und sind danach sofort bei der Sozialbehörde.‹ Ich wollte da schon einmal gegen eine Beamtin eine Dienstaufsichtsbeschwerde einreichen, wurde dann allerdings sofort von der Vorgesetzten empfangen, die den Fall meines Klienten, der zuvor ein halbes Jahr im Unklaren belassen worden war, innerhalb eines Tages positiv beschied. Da muss man als Anwältin eben in diesem Fall dem Recht des Klienten den Vorzug einräumen.«

Die Berliner Ausländerbehörde sei »ein Phänomen für sich. Wenn ich außerhalb der Stadt zu tun habe, geht es da deutlich relaxter zu. Seitdem der Publikumsverkehr nur noch mit Terminen verläuft, ist immerhin der Umgang etwas freundlicher geworden. Die Entscheidungen sind jedoch nach wie vor heftig.« Gängige Praxis sei es, dass über Türken etwa nur aufgrund des Ausländerrechtes entschieden werde, »die haben aber noch eine ganze Menge anderer Rechte, die aus einem Abkommen zwischen der Türkei und der EU von 1963 resultieren. Das muss man aber immer ausdrücklich einklagen. Von sich aus macht die Ausländerbehörde da nichts.« Üblich sei auch, dass die Behörde Fälle zur Klärung von Nebensachverhalten an die Staatsanwaltschaft übergibt. »So lange ruht dann das Verfahren bei der Ausländerbehörde und der Betroffene bleibt in Unsicherheit.«

Wenn man bedenke, dass diese Behörde für viele Migranten die erste Anlaufstelle in Deutschland sei und der erste Ort, an dem sie Kontakt zur deutschen Bevölkerung hätten, wäre es wichtig, hier den Umgang ganz anders zu gestalten. »Die Beamten da könnten doch froh sein, dass sie ihre Arbeit dort haben – und die haben sie wegen den Ausländern! Ich denke, die Gesinnung auf dieser Behörde müsste sein, zu sehen: ›Wie kann ich erteilen?‹ und nicht: ›Wie kann ich ablehnen?‹ Denn wenn wir schon ein Migrationsland sind und eine entsprechende Gesetzeslage haben, dann sollte ich mich auch danach verhalten.« Eine dahingehende Schulung für Sachbearbeiter hält die Rechtsanwältin daher für sinnvoll, ebenso unterstützt sie die Integrationskurse für Zuwanderer. »Es ist ganz wichtig, dass man Deutsch kann, dann nehmen sich die Sachbearbeiter auch zurück und können nicht mehr behaupten: ›Das habe ich nicht gesagt – der versteht doch sowieso kein Deutsch und hat das nur falsch mitbekommen.‹ Ich halte deshalb die Integrationskurse für eine Chance und kein Hindernis. Schließlich ist es doch so, dass viele Migranten aus der Türkei von sich aus kein Deutsch gelernt haben. Nun kommt es eben von oben, etwas erzieherisch, aber anders ging es eben nicht.«

Dass die Kurse schon im Heimatland absolviert werden müssten, befürwortet Ayhan dagegen nicht, »ich denke, dass sich die BRD da wohl auch finanziell ein bisschen frei machen wollte. Sinnvoll ist das Gesetz jedenfalls nicht, denn die erste Generation hat ja schon ihre Familienzusammenführung hinter sich, nun geht es um die zweite und dritte. Und wenn ein Mann eine Frau aus einem ostanatolischen Dorf heiraten will, die nicht einmal weiß, wie man in eine Stadt kommt, ist es einfach unmöglich, dass sie einen Sprachkurs besucht. Die Folge wird sein, dass der Mann sie dort lässt und die Frau ein Leben lang Strohwitwerin bleibt, die mit ein paar Kindern alleine lebt und nie ein normales Familienleben kennenlernen wird. Das ist nicht im Sinne der Frauenrechte, weshalb ich die Begründung des Gesetzes auch für scheinheilig halte. Davon mal abgesehen widerspricht es in meinen Augen auch dem Artikel sechs des Grundgesetzes, der Ehe und Familie schützen soll. Und dieser Artikel ist immerhin ein Menschenrecht.«

Auch dieser Gesetzesänderung lägen Vorurteile zugrunde, schließlich hätte man früher seinen Ehepartner einfach nach Deutschland holen können. »Heute geht man davon aus, dass es sich um eine Scheinehe handelt. Deshalb muss man für den Nachzug ja auch ein Einkommen in bestimmter Höhe nachweisen – dies gilt für den Staat als Beweis, dass man nicht auf das Geld für eine Scheinehe angewiesen ist. Diese Gesetzesänderungen sind einfach böswillig.«

Um ein Zusammenleben im Migrationsland Deutschland in Zukunft entspannter zu gestalten, wünscht sich die Juristin, »dass die Gesetze verbessert werden und auch die inneren Grenzen fallen. Ich selbst bin früher davon ausgegangen, dass ich einen studierten alevitischen Türken heiraten werde. Ich habe keines dieser drei Kriterien erfüllt und denke inzwischen, dass man solche inneren Vorgaben nicht übertreiben sollte, denn sie setzen einem schließlich immer Grenzen im Handeln und Denken.«

Fatma Sonja Bläser

Autorin und Ausbilderin von Multiplikatoren
im Bereich Migration

1964 kam Fatma Sonja Bläser in Ostanatolien zur Welt, sechs Jahre später »ist unsere Mutter nach Deutschland gegangen, da man ihr erzählt hatte, dass mein Onkel von einem Gerüst gestürzt sei und im Rollstuhl sitze. Er hoffe jetzt auf ihre Hilfe.« Als die Analphabetin ohne Deutschkenntnisse es schließlich geschafft hatte, ihren Bruder im Bergischen Land ausfindig zu machen, denn eine Adresse hatte sie nicht, war sie sehr überrascht: »Er hatte überhaupt keinen Unfall gehabt, war gesund und erstaunt, sie zu sehen. Im Dorf hatte es schlicht viele Neider gegeben, die es meinen Eltern nicht gönnten, sich etwas aufgebaut zu haben. Und so lockten sie meine Mutter von dort weg, denn schließlich musste sie viel von ihrem Land verkaufen, um die Reise finanzieren zu können.« In Deutschland hieß es dann, man könne hier schnell viel Geld verdienen, so dass sich die Mutter von Fatma Sonja Bläser entschloss zu bleiben. »Mein Vater ist schnell nachgereist, da man Frauen nachgesagt hat, sie könnten die Ehre der Familie beschmutzen. Es hieß, wir sollten die ersten paar Monate in Ostanatolien bei einem Onkel bleiben. In Wirklichkeit wurden wir beiden älteren Kinder dann aber über Jahre als billige Arbeitskräfte von Onkel zu Onkel und Tante zu Tante gereicht.«

Mit offenen Armen empfing sie niemand, stattdessen machten die Kinder intensive Gewalterfahrungen. »Ein paar Monate nach der Abreise unserer Eltern zeigten die Dorfbewohner ihre wahren Gesichter. Selbst bei minus zwanzig Grad mussten wir noch draußen arbeiten, und wenn wir nicht alles schnell genug schafften, bekamen wir oft Schläge statt Essen. Liebe, Wärme und Geborgenheit haben wir nicht kennengelernt. Die männlichen

Dorfbewohner sahen mich zudem nur als Objekt an. Als ein Cousin versuchte, mich zu vergewaltigen, kam mir zum Glück mein Bruder zu Hilfe, so dass ich fliehen konnte.« Auch die Witwen und geschiedenen Frauen galten dort als Freiwild.»Im direkten Kontakt hat man sie zwar angelacht, aber hinter dem Rücken bezeichneten die Männer sie als dreckige Nutten. Aus dieser Situation gab es keinen Ausweg – die Machtverhältnisse waren eben so. Frauen konnten und durften sich nicht wehren. Ich habe damals begonnen, die Menschen mit ganz anderen Augen zu sehen, und den Kontakt gerade zu diesen etwas außerhalb der Gesellschaft stehenden Frauen gesucht.«

Zu den Frauen, die die beiden Kinder ein bisschen unterstützten »und uns zum Beispiel ab und an Essen zugesteckt haben, gehörte auch eine Frau, vor deren Haus sich eines Tages das ganze Dorf versammelte. Alle schrien, man solle sie in die Berge treiben, wo sie die Wölfe fressen.« Die Nachbarin war schwanger, und man warf ihr vor, dass nicht der Ehemann der Vater des ungeborenen Kindes sei.»Ich habe mich damals vor sie gestellt und gerufen, man solle sie in Ruhe lassen. An den Haaren haben sie mich weggezogen. Ich hatte keine Chance, ihr zu helfen, sah sie in ihrem Blut liegen, das aus den vielen Wunden heraussickerte, und lief weg.« Dieser Anblick einer Steinigung war »der Moment, in dem ich Menschen als Bestien gesehen habe. Ich durfte keine Fragen stellen und wurde weiter geschlagen.« Fünf Jahre blieb Fatma Sonja Bläser in dem Dorf, »bis meine Eltern uns Ende 1973 endlich zu sich nach Deutschland holten. Mit dem Betreten des deutschen Bodens legten sie auf einmal Wert auf bestimmte Traditionen – wie das Kopftuchtragen –, von denen es in der Heimat geheißen hatte, dass das freiwillig sei und jede Frau das mit sich selbst ausmachen könne. In Deutschland aber habe ich lange mit meinem Vater darüber gestritten und das Tuch nach Möglichkeit einfach als modisches Accessoire um den Hals getragen. Monatelang habe ich so gekämpft, bis ich ihn schließlich überzeugen konnte.«

Der Kampf mit der Religion und dem, was aus ihr gemacht wurde, war damit aber noch nicht zu Ende.»Ich habe damals perfekt Arabisch lesen können, allerdings wie die meisten nicht verstanden, was die Worte bedeuteten. Nachfragen durfte man nicht, aber ich wollte wirklich mehr über meine Religion lernen und beweisen, kein dummes Mädchen zu sein. Mir war wichtig zu zeigen, dass wir Frauen gleich viel wert sind wie Männer. Bewunderung für Frauen gab es aber nur, wenn sie bei der Kindererziehung oder in der Küche alles im Griff hatten. Ich wollte aber auf andere Art respektiert werden. Mit siebzehn Jahren habe ich mir dann heimlich den Koran auf Deutsch und Türkisch gekauft. Da ist eine Welt für mich zusammengebrochen! Bis dahin hatte man mir Seiten beschrieben, die überhaupt nicht im Koran vorkamen, zum Beispiel, dass eine Frau umgebracht werden muss, wenn sie die Ehre der Familie beschmutzt. Es war mir so viel erzählt worden, was hier in den Texten überhaupt nicht zu lesen war!«

Auch der Start in der neuen deutschen Umgebung war schwierig. »Ich habe schnell gemerkt, in einer ganz anderen Welt gelandet zu sein, die noch nicht einmal mit der in einer türkischen Großstadt vergleichbar war. Wenn die Nachbarn dort krank waren, hat man für sie geputzt oder für alte Menschen die Einkäufe nach Hause getragen. Hier wollte ich einmal einer Nachbarin helfen, die das Treppenhaus putzte, und habe ihr den Lappen aus der Hand genommen. Sie hat ihn mir ohne irgendein Zeichen des Dankes sofort wieder weggenommen. Es gab dort einfach viele Ängste auf beiden Seiten – und nicht zuletzt wurde ich in der Schule auch wegen des Kopftuches gehänselt.« Eine Freundin zu finden, sei schwierig gewesen, da die Schülerin nicht zum Spielen auf die Straße durfte. »Zum Glück hat sich dann ein Mädchen für mich interessiert und es auch ausgehalten, den ganzen Tag mit mir in der Wohnung zu verbringen und nur vom Fenster aus zuzuschauen, wie die anderen Kinder Rad fuhren oder Rollschuh liefen.« Schwimmunterricht, Kindergeburtstage und Klassenfahrten waren für Fatma Sonja Bläser tabu. Stattdessen verbrachte sie auch die Wochenenden zu Hause, »dann kamen viele Familien und hielten um meine Hand an. Mein Vater hat mich damals zum Glück nicht verheiratet, weil er mich schon bei der Geburt jemandem aus dem Dorf versprochen hatte. Gott sei Dank wurde das dann aber wieder gelöst.« Eigene Kontakte zu knüpfen war verboten: Wurde sie etwa auf dem Weg von der Schule nach Hause mit einem Jungen auf der Straße gesehen, gab es Schläge »von meinem Vater und meinem Onkel, so dass ich einmal sogar wegen einer Gehirnerschütterung und Nierenblutungen ins Krankenhaus eingeliefert werden musste. Die Ehre war meiner Verwandtschaft wichtiger im Leben als alles andere, Liebe zählte nicht – nur die Angst, das Gesicht zu verlieren. Jeder war an die gleichen Fußschellen gefesselt und konnte sich nicht frei bewegen. Als erstrebenswert galt, mit geradem Rücken durch die Gesellschaft gehen zu können und dafür bewundert zu werden.«

Rückhalt aus der deutschen Mehrheitsgesellschaft gab es zunächst wenig.»Für die Lehrer war das eine fremde Welt, aus der wir kamen, und die Geschichten klangen wie erfunden. Einmal habe ich Zettel aus dem Fenster geworfen, dass ich zur Schule gehen wolle, aber nicht dürfe. Ein junger Lehrer wollte mir dann helfen, woraufhin mein Onkel behauptete, der hätte sich in mich verliebt. Das hat die Sache dann noch verschlimmert.« Um möglichst absolute Kontrolle zu haben, seien deshalb auch heute noch unter den Zuwanderern Gebiete mit einem großen Ausländeranteil beliebt, »da entgeht der Gemeinschaft dann keine Bewegung«. Fatma Sonja Bläser selbst hatte sich »in einen entfernten Cousin der Cousine ihrer Mutter verliebt – eigentlich also einen Fremden, der aber zur weitläufigen Familie gehörte und uns manchmal besuchte. Er war der Einzige, der meinem Vater und Onkel schon mal sagte, sie sollten aufhören, uns zu schlagen. Wir verliebten uns und träumten davon, eine glückliche Familie aufzubauen, in der es keine Gewalt geben würde. Leider wurde er dann aber zwangsverheiratet und ich kurz darauf, mit achtzehn Jahren, auch.«

Diesen Mann hatte Fatma Sonja Bläser vorher noch nie gesehen und auch noch nie von ihm gehört.»Er kannte mein Gesicht von einem Hochzeitsvideo. Ich habe während eines Türkeiurlaubes erfahren, dass ich ihn heiraten soll, und habe ›Nein‹ gesagt. Daraufhin hat man mir gedroht, dass ich mit meinem türkischen Pass zurückgelassen werde, wenn ich nicht zustimme. Ich habe dann gesagt, jedenfalls die Hochzeit im großen Stil in Deutschland feiern zu wollen, um sicher zu sein, wieder zurückzukönnen. Vor einem Imam wurde unsere Ehe nach türkischem Recht geschlossen. Nach meiner Rückkehr nach Deutschland plante ich heimlich meine Flucht.« So bat sie ihre deutschen Freunde, die sie auf einer Kur nach ihrem Krankenhausaufenthalt kennengelernt hatte, um Hilfe. »Sie sagten zu, dass ich zunächst bei ihnen wohnen könnte. Also verbrachte ich die verbleibende Zeit damit, meinen Geschwistern möglichst viel Zuneigung zu geben, ihnen ihre Lieblingsspeisen zu kochen und eine schöne Zeit mit ihnen zu verbringen. Denn ich ging davon aus, dass unser Abschied endgültig sein würde.«

Zu diesem Zeitpunkt hatte sich bereits drei Jahre lang ein Deutscher um die junge Frau bemüht, »dem habe ich dann gesagt, dass ich nicht mit ihm zusammen sein könne, weil ich sonst umgebracht würde, und ich vorhätte, zu fliehen. Daraufhin hat er mich gefragt, ob ich nicht ihn heiraten wolle.« Eines Morgens ging Fatma Sonja Bläser aus der elterlichen Wohnung und tat so, als wolle sie wie immer zur Arbeit in die Fabrik. »Stattdessen bin ich zu Michael gegangen, der etwa fünfzig Kilometer entfernt in Leverkusen lebte. Nach ein paar Wochen habe ich dann bei meiner Mutter angerufen, um ihr zu sagen, dass nun ein Mann für mich zuständig sei und nicht mehr die Familie. Doch da musste ich dann feststellen, dass diese Tradition nicht auf deutsche Männer anwendbar war. Mein jüngerer Bruder warnte mich kurz darauf, dass Verwandte mit einer Pistole unterwegs seien, um mich umzubringen. Als ich das hörte, habe ich meiner ganzen Familie mit Anwälten und der Polizei gedroht, schließlich hatte ich für viele von ihnen bei Amtsgängen die Übersetzerin gespielt und wusste einiges aus ihrem Umfeld. Mit diesem Wissen hätte ich ihnen das Leben hier in Deutschland sehr schwierig machen können. So habe ich ihnen gedroht, alles zu tun, um ihre Familien zu zerstören, wenn sie mich nicht in Ruhe lassen würden – und ich hätte es im Notfall auch getan! Sie verfolgten mich dann nicht mehr, als sie merkten, dass ich vor nichts und niemandem Angst habe. Meine Familie erklärte mich daraufhin für tot und sie verbrannte alle meine Habseligkeiten und Dinge, die an mich erinnerten.«

Fatma Sonja Bläser bekam mit ihrem deutschen Mann zwei Kinder und schrieb schließlich ein Buch über ihre Erfahrungen. »Hennamond« erschien zunächst unter dem Pseudonym »Fatma B.«. »Ich habe dann Lesungen hinter dem Vorhang gehalten und erlebte mit, wie Gerede entstand, dass das Buch von einer Deutschen geschrieben worden sei und die Geschichte nur

47

ausgedacht, um Türken schlechtzumachen. Schon wieder hatte ich das Gefühl, eine Schande zu sein und mich verstecken zu müssen – schließlich gab es auch schon wieder Morddrohungen gegen die Autorin. Da habe ich beschlossen, den Kampf aufzunehmen, und habe öffentlich gesagt, dass das meine Geschichte ist und ich dazu stehe.« Seit 1997 tritt Fatma Sonja Bläser so für Frauenrechte ein und hat dabei »an all die Toten gedacht, deren Sterben nicht umsonst gewesen sein darf. Ich möchte jetzt die Männer mit ihrer eigenen Waffe, der Angst, schlagen. Ich möchte niemals mehr Gewalt erfahren und will, dass niemand mehr etwas nicht sagen darf, weil es sich nicht gehört!«

Innerhalb ihrer deutschen Familie gab es keine Unterstützung für den Weg, den sie einschlug. »Meine Schwiegereltern waren sehr gebildet und hatten eine große Bibliothek. Ich hatte mir gewünscht, eines Tages auch einmal so eine Bildung bekommen zu können, vielleicht auch durch ihre Hilfe. Aber sie hatten sich für ihren Sohn, der Zahnarzt war, eine Akademikerin als Ehefrau gewünscht und lehnten mich ab. Vor unserer Hochzeit hatten sie mir sogar Geld angeboten, damit ich von den Eheplänen Abstand nähme. Selbst auf dem Totenbett hat mein Schwiegervater noch gerufen, er werde niemals eine ›Türkenbraut‹ in seinem Haus dulden. ›Lieber sterbe ich, als dass ich diese Frau annehme!‹ Ich habe mir dann noch einmal bewusst die Gesellschaft, in der ich lebe, angeschaut. Ich hatte nie über die Menschen hier als ›typisch deutsch‹ gesprochen, da ich ja auch nicht wollte, dass man über mich als ›typisch türkisch und kurdisch‹ sprach. Was mir an der deutschen Gesellschaft gefiel, war, dass hier für die Freiheit und die Rechte der Frauen, für das Recht auf ein freies Leben, für Meinungsfreiheit und für das Recht auf Bildung gekämpft wurde. Viele Einwanderer sehen dennoch respektlos auf die deutsche Kultur, während sich in Deutschland die anfängliche Angst vor der anderen Kultur und Religion in Offenheit verwandelt hat. Ich sehe also in der deutschen Gesellschaft nicht die Schulen und Lehrer als die Verantwortlichen für die Fehlentwicklungen an, sondern denke, dass die jeweiligen Politiker vieles falsch angegangen sind, zum Beispiel indem sie nicht auf die Pflicht des Spracherwerbs bestanden, sondern glaubten, mit der Zeit und den Generationen würden sich alle

Probleme von selbst lösen. Man hat auch keine Aufklärung geleistet. Wenn also eine Lehrerin etwas dagegen gesagt hat, dass ein türkisches Mädchen nicht zum Sportunterricht durfte, drohte ihr der Vater – und die Lehrerin stand ohne Handlungsinstrument da. Sie wusste also nicht, was sie machen sollte, und hat sich deshalb vielleicht schlicht zurückgezogen und dies mit einer fremden Kultur begründet, in die man sich nicht einmischen dürfe.«

Für den größten Fehler hält Fatma Sonja Bläser, dass »Imame hier ohne Kontrolle predigen konnten und können. Da muss man sich doch fragen, was so jemand überhaupt vertritt? Was hat er studiert? Welchen Normen gehorcht er? In meinen Augen haben deshalb die deutschen Politiker zusammen mit den Religionsführern der Migranten Schuld an den heutigen Schwierigkeiten; an der Tatsache, dass Religion von vielen Einwanderern missbraucht wird und wir in einer ganz stark aufgeladenen Atmosphäre leben, die irgendwann explodieren wird. Bis heute gibt es sehr viele Migranten, die an ihren alten patriarchalen Strukturen und Traditionen festhalten, sonst aber auch nichts anderes haben. Schließlich ist es für jemanden wie meinen Bruder etwa viel schwerer, eine Arbeit zu finden, als für einen deutschstämmigen Mann. Die Gleichstellung auf dem Arbeitsmarkt ist einfach noch nicht da und man bietet Migranten keine Alternative, so dass sie sich an die Traditionen klammern.«

Hinzu käme das »Kopftuchproblem. Viele Frauen werden von ihrer Umwelt dazu genötigt, eines zu tragen. Es heißt dann zum Beispiel, sie seien selbst schuld, wenn sie einmal vergewaltigt würden, oder sie würden schon nach ihrem Tod sehen, was sie davon hätten – sie könnten sich sicher sein, in der Hölle zu schmoren. Ich bin deshalb auch immer verärgert, wenn ich den Vergleich zur Nonnentracht höre! Erstens ist eine Nonne mit Gott verheiratet, während eine Kopftuchträgerin einen Mann hat, mit dem sie Kinder bekommt. Zweitens werden Nonnen wohl auch nicht ein Leben lang darauf vorbereitet, später Nonne zu werden. Und erst dann könnte man vielleicht einen Vergleich ziehen.« Viele Mädchen würden auch unterschwellig intensiv in Richtung Kopftuch gedrängt. »Es heißt dann, wenn sie sich bedecken: ›Ach, du bist ja so hübsch – ich bin so stolz auf dich!‹. Lassen sie jedoch die Bedeckung weg, sagt man: ›Oh, du bist so hässlich! Ich mag dich gar nicht mehr anschauen.'« Fatma Sonja Bläser, die selbst schon mit Hunderten von Schulklassen gesprochen hat, Lehrer thematisch ausbildet und mit ihrem Hilfsverein »Hennamond« bedrängten und gefährdeten Frauen zur Seite steht, wünscht sich deshalb klare Grenzen im Umgang mit dem Kopftuch. »Mit einundzwanzig kann eine Frau selbst entscheiden und ab dann sollte sie auch ein Kopftuch tragen dürfen, wenn sie das möchte. In Behörden und Schulen darf es jedoch weder bei Schülerinnen noch Lehrerinnen ein Kopftuch geben – und Burka sowie Schador würde ich in Deutschland überhaupt verbieten. Wer so etwas tragen will, ist in diesem Land einfach nicht am richtigen Platz!«

Die 43-Jährige fordert zudem, in Deutschland die Schulpflicht wirklich durchzusetzen. »Anderenfalls sollten dann auch die Jungen nicht schwimmen und zum Sportunterricht gehen dürfen, nicht mit deutschen Frauen Kontakt haben und als Jungfrauen in die Ehe gehen – erst dann könnte man von Gleichberechtigung sprechen.« Sollte dies nicht erwünscht sein, müssten Frauen selbstverständlich auch all diese Rechte eines selbstbestimmten Lebens mit allen Bildungs- und Bindungsmöglichkeiten haben. Über männliche Kommentare, die Frau habe sich zu verhüllen, wolle sie nicht als frei verfügbares Sexualobjekt gelten, empört sich Fatma Sonja Bläser: »Wo sind wir denn, dass ein Dekolleté als Einladung missverstanden werden kann?! Da erzählen mir wirklich Schüler, dass ein Mädchen eine ›Schlampe‹ sei, wenn man beim Bücken den Rand ihres Schlüpfers sieht. Ich denke doch, dass ein Mann sich heutzutage beherrschen können muss und nicht ein rein triebgesteuertes Wesen ist! Den Jungs antworte ich dann, sie könnten ja zu Allah beten, dass der ihnen das Augenlicht nimmt, wenn sie sich sonst dauernd verführt fühlen.« Neben eindeutigen verbalen Zurechtweisungen lässt sie die Schüler der berufsbildenden Schulen auch in Rollenspiele schlüpfen, »damit sie einmal von der anderen Seite aus ihr Verhalten beurteilen können. Viele sind danach schon zu mir gekommen und haben gesagt, dass sie sich vorher ziemlich primitiv und falsch benommen haben.«

Bis heute sei es aber immer noch nicht möglich, dass Kulturen und Religionen in einem freiwilligen, offenen und kritischen Dialog miteinander in Kontakt treten. »Ich muss mir aber erlauben dürfen, auch über schwierige Punkte zu reden! Beispielsweise muss man sich einfach Gedanken darüber machen, warum in der eigenen Religion Frauen nicht so gut wegkommen. Meine Landsleute sollten sich da nicht immer gleich auf den Schlips getreten fühlen – und die Deutschen sollten nicht glauben, sie verlangten zu viel! Wenn ich also zum Beispiel über Ehrenmorde und Gewalt spreche, greife ich niemanden individuell als Türken an – ich muss aber einfach sehen, dass es diese Probleme gibt, und darf sie nicht negieren. Wenn man behauptet, so etwas gäbe es nicht, ist das gefährlich, weil dann keine Entwicklung möglich ist. Ziel ist es ja nicht, sich gegenseitig zu verletzen und zu beleidigen, sondern zu sehen, dass wir ein Problem haben und wie wir es gemeinsam lösen können. Was nicht geht, ist, dass jemand wie Seyran Ates mit dem Tod bedroht wird, weil sie sich gegen das Kopftuch ausspricht!«

Der Graben zwischen den Kulturen und Religionen werde derzeit immer größer, »das jagt einem Angst ein – da müssen wir etwas machen! Stattdessen werden leider die Gelder und Stellen für Frauenhäuser gekürzt, so dass Mädchen noch schlechtere Möglichkeiten haben, ihren eigenen Weg zu finden. Denn es bedeutet so viel, seine Familie zu verlieren – da ist es wichtig, dass man zumindest einen Ansprechpartner hat, der einem hilft, mit der Situation auch psychisch fertig zu werden.« Fatma Sonja Bläser selbst hat wieder Kontakt zu ihren Eltern. »Mein Vater bereut inzwischen, dass er sich sein Leben von anderen diktieren ließ. Heute fordert er andere Väter auf, sich offener zu verhalten. Ehre bedeutet schließlich, die eigene Frau und Schwester nicht zu schlagen, sondern sie zu lieben und zu schützen.« Sie selbst wolle bis zu ihrem »letzten Atemzug kämpfen und hoffe, immer mehr Menschen zu finden, die ›Nein‹ zur Gewalt sagen. Wir müssen gemeinsam ehrlich und offen aufeinander zugehen und erst dann ist ein Dialog möglich, durch den Probleme wie Zwangsheirat, Ehrenmorde, Verfolgung und Folter gelöst werden können.«

Perihan Cepne

Lehrerin

1961 wurde Perihan Cepne in einem kleinen Dorf im Südwesten der Türkei geboren. »Mein Vater war Postbeamter und wurde mehrfach versetzt,
so dass wir innerhalb der Region mehrfach umzogen, bis sich die Familie
1973 trennte.« Cepnes Mutter war als Gastarbeiterin nach Deutschland gegangen, der Vater folgte ihr und fand ein Jahr später auch Arbeit. Das Ehepaar ließ die Tochter und den zwei Jahre jüngeren Bruder bei den Großeltern. »Mit vierzehn Jahren habe ich dann die Schulaufnahmeprüfung für
ein Internat in der Gegend bestanden, wo ich von Montag bis Freitag lernte
und lebte und nur am Wochenende zu meinen Großeltern aufs Land fuhr.«
Auf dem Schul- und Internatsgelände war auch eine pädagogische Hochschule untergebracht, und »als ich 1978 Abitur machte, war die politische
Situation in der Türkei sehr angespannt. Es standen immer ein paar Polizisten vor der Schule, die die männlichen Schüler und Studenten durch-
suchten, bevor sie aufs Gelände durften. Es gab regelmäßig gewalttätige
Auseinandersetzungen zwischen Linken und Nationalisten. Ich selbst wollte
da nicht außen vor sein und mischte bei den Linken mit.« Cepnes Eltern
waren sich der Situation bewusst, so dass ihr Vater eines Tages »mit seinem
Auto mit deutschem Kennzeichen vor der Tür stand. Mein Bruder und ich
hatten noch drei Tage, um uns auf unseren Umzug nach Deutschland vorzubereiten.«

Das türkische Abitur hatte die 17-Jährige da bereits in der Tasche, und
sie ging davon aus, in Deutschland studieren zu können. »Als wir dann
aber in Oldenburg ankamen, war ich schockiert! In der Türkei hatten
meine Eltern zur Mittelschicht gehört, hier waren sie ganz einfache Arbeiter, die nur sehr schlecht Deutsch sprachen und sich mit großen Teilen des

Systems nicht auskannten.« Wert auf eine ordentliche Ausbildung der Kinder legten die Eltern dennoch und schickten Cepne zunächst in eine private Sprachschule. Auf dem Heimweg kam die junge Zuwanderin stets an einer Buchhandlung vorbei, in deren Fenster sie eines Tages einen zweisprachigen Band des türkischen Dichters Nazim Hikmet sah. »Ich bin hineingegangen und habe erfahren, dass das Buch fünfundzwanzig Mark kosten sollte. Da habe ich gefragt, ob ich es auf Raten kaufen könnte, der Mann sagte zu.« Neben der ersten Anschaffung auf Kredit fand Cepne über den Buchhändler auch Anschluss an einen Kreis deutscher Linker, mit denen sie sich häufig traf. Um sich zusätzlich etwas Geld zu verdienen, arbeitete sie als Aushilfe in einem Imbiss, »was schon deshalb gut war, weil mir die Töchter der Besitzerin geholfen haben, eine Ausbildungsstelle in einer Kinderpflegeeinrichtung zu bekommen«. Dort wiederum wurde ihr erklärt, sie solle ihren Traum vom Studium nicht frühzeitig aufgeben. »Die Ausbilderin hat mich in die elfte Klasse des Gymnasiums vermittelt, von dort aus habe ich mich dann für ein Studienkolleg in Bremen beworben und bin genommen worden.«

Trotz aller Unterstützung wurde Cepne das Gefühl nie los, »dass Türken hier wie Menschen zweiter Klasse behandelt werden. Ich meinte immer, dass ich doppelt so viel arbeiten muss wie die anderen, um die gleiche Wertschätzung zu erfahren. Ich muss besser sein als die anderen, damit ich gleich bin.« Dass sie nie »gleich« sein würde, merkte die junge Studentin schnell auf der Universität. »Ich entschied mich, Deutsch als Fremdsprache und Sport zu studieren, da ich glaubte, mit diesen Fächern später auch in der Türkei etwas anfangen zu können. Für das Sportstudium habe ich extra Schwimmen gelernt, trotz aller Anstrengungen hatte ich nie wirklich das Gefühl, von den Kommilitonen und Professoren anerkannt zu werden.« Einer der Gründe dürfte der unterschiedliche Umgang der Geschlechter miteinander gewesen sein. »Ich kam aus der Türkei und sollte bei einem Basketballspiel auf den Schultern eines Kommilitonen sitzen. Kurz darauf gingen alle gemeinsam in die Sauna. Es war auch normal, dass, wenn einmal die Duschen der Männer nicht funktionierten, sie eben zu uns herüberkamen. Das hat mich völlig überfordert.«

Irgendwie schaffte es die Studentin dennoch, bis zu ihrem Abschluss durchzuhalten und Lehrerin zu werden. »Eigentlich hatte ich mir das nicht so vorgestellt und wollte nach dem Studium wieder in die Türkei.« Kurz vorher lernte sie jedoch ihren Mann, einen Deutschtürken, kennen und willigte in eine Heirat ein. »Der familiäre Druck war sehr hoch, sich schnell für immer zu entscheiden. Also heirateten wir und bekamen einen Sohn.« Da ihr Mann in Deutschland geboren war und sich hier verwurzelt fühlte, war die Möglichkeit einer Rückkehr nicht mehr gegeben. Folglich war Cepne fortan zwar die erste Akademikerin in der großen Familie und damit der Stolz ihrer Eltern, »aber nicht richtig glücklich mit meinem Beruf. Deshalb habe ich mir immer wieder Nebentätigkeiten gesucht, für die ich dann abgeordnet wurde.« Seit 1999 ist Cepne so zum Beispiel für die Koordination zwischen Konsulatslehrern und Behörden zuständig. Viele Länder schicken Lehrer nach Deutschland, um hier auf freiwilliger Basis in zusätzlichen Stunden am Nachmittag Migrantenkinder in ihrer Muttersprache zu unterrichten. »Die Konsulatslehrer haben eigene Lehrpläne und nutzen in den Schulen nur die Räume.« Cepnes Aufgabe liegt nicht nur in der Abstimmung zwischen Lehrern und deutschen Behörden, sie bildet die Entsandten auch didaktisch weiter und gibt ihnen einen Einblick in das Leben in Deutschland.

Zusätzlich zu ihren ursprünglichen Fächern Deutsch als Fremdsprache und Sport unterrichtete die Lehrerin auch mehrere Jahre Türkisch als zweite Fremdsprache. »Das war die einzig positive Diskriminierung von Migrantenkindern im deutschen Schulsystem. Denn die meisten der Schüler sprechen bereits recht gut Türkisch, wenn sie mit dem Unterricht beginnen. Dennoch wird das Fach wie eine Fremdsprache bewertet.« Cepne machte der Unterricht dieses noch nicht lange eingeführten Faches großen Spaß, »es hat viel zur Bildung einer positiven Identität bei den Kindern der ehemaligen Gastarbeiter beigetragen. Offenbar gefiel das aber nicht allen anderen Lehrern, so dass dieses Fach an einigen Schulen, darunter auch meiner ehemaligen Schule, wieder vom Lehrplan genommen werden soll.« In Bremen gibt es dieses Unterrichtsfach derzeit noch für Russisch, Polnisch und Türkisch. Bei Cepnes neuer Aufgabe, der sie die Hälfte ihrer Stundenanzahl widmet, evaluiert sie diese Zweitsprachenfächer. »Ich habe auch schon einen Lehrplan für diesen Bereich ausgearbeitet, da es bisher gar keinen festen Rahmen gibt.«

An einer der Schaltstellen von Integration und Förderung der Migranten zu sitzen, macht der Lehrerin Spaß. Schließlich ist sie der Auffassung, »Bildung ist das A und O. Auch die Eltern müssten viel stärker in die Ausbildung eingebunden werden. Man müsste von staatlicher Seite viel mehr Förderprogramme und Unterstützung bieten.« Denn schließlich, so Cepne, sei nur so zu erwarten, dass mehr Migranten in gehobene Positionen gelangen könnten. »Ich bin auch für eine positive Diskriminierung bei Einstellungen, ich denke, das wäre gut, um allseits erfahrene Nachteile aufholen zu können.« Integration sei eben keine Einbahnstraße, »es muss eine Offenheit der Gesellschaft geben. Die erfahre ich oft nicht. Es versetzt mir bis heute einen Stich, dass ich ständig die gleichen Fragen gestellt bekomme, wo ich herkäme und warum ich kein Kopftuch trage. Ich bin es leid, auf diese Fragen immer wieder ruhig und sachlich zu antworten, denn in meinen Augen stecken dahinter viel Ausgrenzung und Ignoranz. Wenn ich nach Jahrzehnten in Deutschland weiterhin nach dem ›woher‹ gefragt werde und die Leute nicht wissen, dass Musliminnen nicht zwangsläufig ein Kopftuch tragen müssen und es außerdem auch weltoffene Kopftuchträgerinnen gibt, dann fühle ich mich einfach nicht zugehörig.« Gerade seit dem 11. September habe es eine weitere Verschlechterung der Situation von Migranten in Deutschland gegeben. »Früher hieß es: Türken gleich Ausländer, was auch schon keinen positiven Unterton hatte. Nun werden Türken mit Muslimen gleichgesetzt und in einen Topf geworfen, aber ich fühle mich zu vielen dieser Gruppen gar nicht zugehörig und habe wieder den Eindruck, mich erklären zu müssen.«

Auch innerhalb ihres Kollegiums begegne sie regelmäßig Vorurteilen. »Die glauben nicht nur alle zu wissen, dass die Türkei ein Entwicklungsland ist und Frauen da keine Rechte haben, sie verhalten sich häufig auch den türkischen Schülerinnen gegenüber sehr fragwürdig. Wenn da ein Mädchen Probleme mit den Eltern hat, versuchen sie erst gar nicht zu vermitteln, sondern sagen gleich: ›Du bist achtzehn, du musst nicht machen, was deine Eltern wollen, du kannst auch ausziehen.‹ Das ist sehr kurzfristig gedacht, schließlich hängen viele dieser Frauen natürlich an ihren Familien. Es täte ihnen nicht gut, den Kontakt abzubrechen. Aber sich wirklich auf eine andere Kultur einzulassen und zum Beispiel zu versuchen, einmal mit den Eltern ins Gespräch zu kommen, um eine einvernehmliche Lösung zu finden, darauf kommen diese Lehrer nicht.«

Die Zukunft des Migrationslandes Deutschland sieht Cepne deshalb wenig rosig. »Ich habe Angst, dass so etwas wie in Frankreich auch bei uns passiert und sich die vergessene Jugend in einem Aufstand erhebt. Man spricht zwar oft über deren Probleme, dennoch werden sie nicht ernst genommen – denn sonst müssten den Worten ja auch Taten folgen; gemacht wird aber fast nichts.« Sie selbst sehe inzwischen nur noch einen kleinen Teil ihrer Arbeit in der Vermittlung des Unterrichtsstoffes. »Die meiste Zeit mache ich Sozialarbeit.«

Dr. Ezhar Cezairli

Zahnärztin

1962 wurde Ezhar Cezairli im türkischen Antakya geboren, zehn Jahre später ging es nach Deutschland. »Meine Eltern waren schon 1970 als ›Gastarbeiter‹ nach Weil am Rhein gezogen. Zwei meiner Geschwister hatten sie mitgenommen, meine jüngere Schwester und mich aber vorerst in der Türkei gelassen. Dort war ich in der Zwischenzeit in die dritte Klasse gekommen, wurde dann in Deutschland aber zurückgestuft, weil ich ja die Sprache nicht konnte.« Das änderte sich allerdings schnell, so dass Cezairli schließlich »als erste Türkin überhaupt auf das Gymnasium der Stadt kam«, Abitur machte und in Hannover Zahnmedizin studierte. »Meine Eltern waren beide keine Akademiker und sprachen schlecht Deutsch. Dennoch war ihnen Bildung sehr wichtig, so dass sie zum Beispiel immer darauf geachtet haben, dass wir unsere Hausaufgaben machten. Gleichzeitig gingen sie wie so viele türkische Einwanderer damals fest davon aus, dass wir in wenigen Jahren wieder zurückgehen würden, weshalb es ihnen sehr wichtig war, dass wir unsere Kultur bewahrten und uns nicht assimilierten.« Kontakte mit Deutschen waren dennoch erwünscht, »ich konnte beim Schüleraustausch nach England und Frankreich mitmachen, auf Klassenfahrten gehen, zu Hause Freunde empfangen und im Leichtathletikverein mitmachen. Einen Freund sollte ich jedoch nicht haben.«

Den Mann ihres Lebens lernte Cezairli schließlich im Türkeiurlaub während der Semesterferien kennen. »1985 haben wir geheiratet, er kam dann wegen mir nach Deutschland. Nach meinem Studienabschluss haben wir überlegt, wo wir am besten zusammen leben können, und uns für Frankfurt entschieden. Schließlich ist das eine weltoffene, internationale Stadt, die nicht zuletzt auch einen großen Flughafen hat, so dass wir jederzeit schnell in die Türkei können.« 1994 bezog Cezairli ihre eigene Praxis in der Innenstadt der Mainmetropole, bekam die zweite gemeinsame Tochter und ließ sich dennoch nicht von vielfältigem politischem Engagement abhalten.

Unter anderem gründete die Zahnärztin 2005 zusammen mit neunzehn anderen Aktivisten die »Initiative der säkularen und laizistischen Bürger aus islamisch geprägten Herkunftsländern in Hessen«. Hintergrund dieser Aktion war die Erfahrung der 45-Jährigen, »dass alle Muslime in einen großen Topf geworfen werden. Wir sind aber völlig verschieden, kommen aus unterschiedlichen Ländern, gehören zu diversen sozialen Schichten und haben ein breit gefächertes Bildungsniveau. Wir möchten, so wie die Mehrheit der Muslime hier in Deutschland, säkular leben und als Individuen wahrgenommen werden. Die derzeit häufig gezogene Trennlinie zwischen den Religionen halten wir deshalb für falsch. Stattdessen sollte zwischen Demokraten und Fundamentalisten unterschieden werden!« Schließlich könne sie selbst mit einer christlichen Frau viel mehr gemein haben als mit manchen Musliminnen.

Die Initiative entstand somit aus zwei Gründen. Zum einen seien in Deutschland die Vorurteile gegen Muslime gewachsen. Sie stünden oftmals unter einem Generalverdacht des Terrorismus und Fundamentalismus. Zum anderen »ist in Deutschland bestimmten Vereinen und Verbänden, die, vermeintlich im Namen aller Muslime, laut Forderungen aufstellen, immer größere Aufmerksamkeit geschenkt geworden«, weshalb sich die große Mehrheit der Muslime zunehmend von zwei Seiten bedrängt fühle. »Wenn man alle islamischen Verbände zusammennimmt, sind etwa 15 Prozent der 3,3 Millionen Muslime darin organisiert. Die restlichen 85 Prozent kommen bisher offensichtlich ohne diese Verbände zurecht – und können auch nicht durch sie vertreten werden. Einige Verbände sind zudem als islamistisch einzustufen und werden nicht selten von finanzstarken Kreisen aus dem Ausland unterstützt. Sie nutzen die fremdenfeindlichen Vorurteile und Diskriminierungen gegen Migranten aus islamisch geprägten Herkunftsländern geschickt aus und begeben sich in eine Opferrolle, aus der heraus sie öffentlichkeitswirksam immer neue Forderungen aufstellen.«

Ziel mancher Organisationen sei es, nicht nur die Kontrolle über ihre Gemeinde aufrechtzuerhalten, sondern auch »islamische Rechtsnormen jenseits des Grundgesetzes zu etablieren. Um dies durchzusetzen, versuchen sie, Schritt für Schritt eine Gleichstellung mit den christlichen Kirchen zu erreichen.« Erleichtert werde dieses Unterfangen durch den deutschen Staat, der sich seit langem eine muslimische Instanz wünsche, an die sich die Regierung wenden könne. »Ich halte es aber für eine Illusion zu glauben, dass es je einen Ansprechpartner aller Muslime in Deutschland geben wird. Schließlich gibt es im Islam keine repräsentative Institution, es gibt niemanden wie den Papst, der für die Katholiken sprechen kann.« Wichtig sei zudem, sich immer wieder vor Augen zu halten, »dass die muslimischen Verbände in Deutschland oft nicht durch Theologen vertreten werden, sondern durch Funktionäre, die ganz klar politische Hintergründe haben und politische Ziele verfolgen«. Entscheidend sei daher, »von diesen Verbänden mehr Transparenz zu fordern. Sie sollten endlich mal offen darlegen, was sie denn nun hier in Deutschland konkret im Alltag erreichen wollen! Wie sieht es mit der Gleichstellung von Mann und Frau in der Gesellschaft aus; wie stehen sie zum Sport- und Schwimmunterricht von Mädchen; wer soll den Religionsunterricht organisieren? Wir von der ›Initiative der säkularen und laizistischen Muslime‹ zum Beispiel würden uns einen islamischen Religionskundeunterricht wünschen – allerdings natürlich innerhalb des deutschen Schulsystems, in deutscher Sprache, von Lehrkräften, die in Deutschland ausgebildet sind und unter der Kontrolle der deutschen Kultusministerien stehen. Ich erwarte auch von den Verbänden, dass sie in solchen Fragen wie der des Kopftuchs für Lehrerinnen klar Stellung beziehen!«

Wie Cezairli zum Thema »Turban« und Schule steht, machte sie schon im Februar 2005 deutlich, als die Ärztin gemeinsam mit weiteren namhaften Frauen einen offenen Brief »Für Neutralität in der Schule« verfasste. Das Schreiben war eine Antwort auf den von Marieluise Beck, Barbara John und Rita Süssmuth initiierten Appell wider ein »Lex Kopftuch«. Cezairli und ihre Mitstreiterinnen formulieren darin:

»In Ihrem Islambild gibt es neben den ›islamischen Fundamentalisten‹, für die das Kopftuch ›ein politisches Symbol‹ ist, nur noch kopftuchtragende muslimische Frauen, die nicht den ›politischen Islam‹ vertreten. Sie übersehen dabei, dass die Mehrheit der Musliminnen in Deutschland gar kein Kopftuch trägt. Stattdessen behaupten Sie, insbesondere in der ›Diaspora‹ würden Frauen auf das Kopftuch zurückgreifen, um ›mit Selbstbewusstsein ihr Anderssein zu markieren‹. Ein nicht individuell begründetes Kopftuchverbot würde gerade die Musliminnen treffen, für die ›Emanzipation und Kopftuch‹ keinen Widerspruch darstellen.

Natürlich gibt es ein solches Denkmuster, insbesondere unter den muslimischen Studentinnen und Akademikerinnen; entscheidend ist die Frage, wie groß die gesellschaftliche Relevanz dieser Position ist. Realistische Schätzungen gehen davon aus, dass innerhalb der muslimischen Bevölkerung in Deutschland etwa ein Drittel zum engeren Sympathisantenfeld der islamistischen Kräfte gehört. Etwa ein Drittel befürwortet das Konzept eines privat gedeuteten und gelebten Islam ohne Bindungen an die Moscheevereine. Diese Frauen entscheiden die Frage des Kopftuchs individuell. Für etwa ein Drittel von ihnen bedeutet der Islam höchstens ein Element ihrer Herkunftskultur. Sie lehnen das Kopftuch ab. Ihr Konstrukt der ›emanzipatorischen Kopftuchträgerin‹ ist empirisch innerhalb der zweiten Gruppe angesiedelt und stellt dort eine quantitativ vernachlässigbare Gruppe dar, die kaum Einfluss hat. Diese jungen Frauen sehen ihr Hauptziel darin, gegen die von ihnen besonders herausgestellten Ausgrenzungsmechanismen der Mehrheitsgesellschaft aufzutreten. Sie sind praktisch machtlos gegen die Instrumentalisierung durch islamistische Kräfte.

Unsere Frage lautet deshalb: Wer würde sich innerhalb der muslimischen Bevölkerung durch die Untersagung des Kopftuchs in den Schulen ausgegrenzt fühlen? Es wären nur diejenigen, die unter dem Einfluss der Islamisten stehen und für die das Kopftuchtragen nicht nur im Privatleben, sondern auch im öffentlichen Dienst als unverzichtbar gilt. Alle, für die die Religion eine private Angelegenheit ist, und alle, die gegenüber religiösen Vorschriften indifferent sind, kennen und akzeptieren problemlos das Verfassungsprinzip von der Neutralität der Schule.

Ist es verkehrt, dass den islamistischen Kräften eine Grenze aufgezeigt wird, deren Übertreten ein wichtiges Prinzip unserer Verfassung verletzt? Nach unserer Auffassung ist eine solche Deutlichkeit in einer demokratisch verfassten Gesellschaft erforderlich, um diesen Kräften zu signalisieren, dass diese Gesellschaft nicht vor ihnen zurückweicht und ihnen nicht Schritt für Schritt immer mehr Raum im öffentlichen Leben überlässt. Die Erfahrung zeigt, dass diese Kräfte jede Erweiterung ihres Spielraums nutzen, um ihre ›antidemokratischen, antisemitischen und frauenfeindlichen‹ Positionen durchzusetzen. Die Erfahrung aus zahlreichen Ländern mit mehrheitlich muslimischer Bevölkerung und Ländern mit signifikanten muslimischen Minderheiten in Europa zeigt hinreichend, dass das Tragen des Kopftuchs in staatlichen Institutionen längst zum Kampfprogramm von islamistischen Kräften geworden ist.«

Akzeptanz des Grundgesetzes und strikte Trennung von Religion und Staat, von Religion und Politik lauten deshalb die Forderungen der Ärztin heute. Religion sei Privatsache, »etwas zwischen Allah und mir«.

Ihre Position vertritt Cezairli auf der vom Bundesinnenminister im September 2006 initiierten Islamkonferenz, bei der sie zu den zehn berufenen Einzelpersonen zählt. »Dort sollen wir Muslime und die staatlichen Vertreter zum Dialog kommen; es soll aber auch unter den Muslimen, mit ihren völlig unterschiedlichen Meinungen, ein Gespräch entstehen. Diesen Ansatz finde ich sehr positiv. Jetzt geht es aber darum, konkrete Ergebnisse zu erzielen, denn je konkreter es wird, desto mehr Spannungen gibt es.« Handfeste Alltagsprobleme gäbe es indes genug zu lösen, »insbesondere die der hier aufwachsenden Kinder und Jugendlichen, die eben keine Schulabschlüsse machen und somit weder berufliche noch soziale Aufstiegschancen haben. Alle Anstrengungen müssen unternommen werden, damit diese Kinder, die seitens der Eltern kaum Unterstützung bekommen (Fehlen der deutschen Sprache, bildungsferne soziale Schichten) und von Anfang an benachteiligt sind, ab dem Kleinkindalter gefördert werden, damit sie die gleichen Chancen für schulischen und beruflichen Erfolg bekommen. Ich würde mir auch mehr konkrete Aussagen der Mehrheitsgesellschaft wünschen, etwa in Bezug auf die Befreiung von Klassenfahrten oder den Sportunterricht. In meinen Augen müssten da deutliche Grenzen aufgezeigt werden – es sollte klar sein, dass Schulveranstaltungen Pflicht sind und es keine wie auch immer gearteten Ausnahmen geben kann. Es muss schlicht Regeln geben, die für alle gelten; auf religiös begründete Sonderregelungen für bestimmte Gruppen dürfen wir uns nicht einlassen. Natürlich müssen wir tolerant sein, aber gleichzeitig muss die grundsätzliche Position der Gesellschaft, ihr Fundament, klar sein.«

Zu diesen Grundprinzipien zählen für Cezairli »die Gleichberechtigung von Mann und Frau, nicht nur vor Gott, sondern auch im gesellschaftlichen Leben; Religionsfreiheit, wozu auch die negative Religionsfreiheit gehören muss, das heißt die Freiheit, nicht zu glauben; die Neutralität des Staates und der staatlichen Bediensteten in hoheitlichen Funktionen; eine deutliche Trennung von Religion und Staat sowie die Bekämpfung jeder Form des Rassismus und Antisemitismus.«

Einige Erfolge seien auf dem gemeinsamen Weg erreicht. »Durch die Islamkonferenz hat die deutsche Öffentlichkeit u. a. erfahren, dass Muslime, ebenso wie andere Religionsgemeinschaften sehr unterschiedlich sind und die Mehrheit hier in der deutschen Gesellschaft unauffällig ihren sozialen, wirtschaftlichen und kulturellen Beitrag leistet, ohne sich durch ihre äußere Erscheinung als Muslime darzustellen. Darüber hinaus ist klar geworden, dass die meisten sich nicht von den Verbänden vertreten fühlen.« Nun müsse in der Mehrheitsgesellschaft ein Gefühl dafür wachsen, »Vielfalt als Vorteil zu sehen. Wir brauchen positive Vorbilder, Menschen, die in dieser Gesellschaft angekommen sind und dennoch zu ihren Herkunftskulturen stehen, ohne sie zu verleugnen. Und wir brauchen vor allem eine stärkere sprachliche und schulische Förderung der Migrantenkinder, um ihnen einen Platz in dieser Gesellschaft zu sichern, mehr Einsatz von muttersprachlichen Sozialpädagogen, hier ausgebildete Lehrkräfte, um das Vertrauen zwischen Elternhaus und Schule zu verbessern.« Cezairli sieht sich selbst nicht als Teil einer Minderheit. »Muslime werden zu einer Minderheit gemacht, indem man sie auf ihre Religionszugehörigkeit reduziert. Ich möchte als ein gleichberechtigtes Individuum mit unterschiedlichen Identitäten, als Bürgerin dieser Gesellschaft respektiert werden. Ich sehe mich aber in erster Linie als Demokratin und als Teil der Mehrheit.«

Damit das so bleibt, werde es »zunehmend wichtig, sich freiwillig für Demokratie und Gemeinwohl einzusetzen. Nur dadurch können wir eine gemeinsame Zukunft in Vielfalt und in Frieden und Freiheit gestalten.«

Neriman Fahrali

Ärztin (Anästhesistin und Allgemeinärztin)

1961 kam Neriman Fahralis Vater nach Deutschland. »Er wollte ein, zwei Jahre richtig Geld verdienen und dann wieder zurück in die Türkei. Wie bei so vielen hat das aber nicht richtig geklappt. Zum einen bekam er nicht so viel bezahlt, wie er sich erhofft hatte, und zum anderen musste das Geld damals ja immer noch per Post geschickt werden – und das kam bei weitem nicht jedes Mal an.« Also beschlossen die Eltern 1964 gemeinsam mit den drei Kindern nach Bayern zu gehen. »Ich war damals dreizehn Jahre und hatte überhaupt keine Lust mitzukommen. Immerhin war ich Einserschülerin und hatte auch viele gute Freunde. Es gab nichts, was mich aus der Türkei wegzog. Erst zehn Tage vor der Abfahrt habe ich dann eingewilligt – zum Glück.« Inzwischen sitzen der Ärztin regelmäßig Menschen gegenüber, die in ihrer Kindheit von den Eltern in der Türkei zurückgelassen wurden. »Das prägt viele ein Leben lang und ist nur sehr schwer zu reparieren. Ich bin froh, das nicht erleben zu müssen.«

Die Fahralis kamen so gemeinsam mit Mutter, Tochter, zwei kleineren Söhnen und einer Tante in München an. »Und das war ein sehr enttäuschendes Erlebnis. Wir hatten uns Deutschland wie eine Traumwelt vorgestellt, eine Art Disneyland, wo alles schön und glitzernd ist. Die Wirklichkeit war dann umso ernüchternder.« Ein Haus hatten sie erwartet und landeten stattdessen in »einer Wohnbaracke, zu sechst in einem einzigen Zimmer, das Klo auf dem Flur, keine Dusche, sondern nur ein Waschbecken und ringsherum diese vielen Männer – wir waren als Familie völlig überfordert.« Niemand half ihnen beim Zurechtfinden, etwa beim Suchen einer Schule oder beim Deutschlernen. »Ich weiß gar nicht, was man sich in Deutschland eigentlich dabei gedacht hat, wahrscheinlich gar nichts, wir waren jedenfalls einfach da.« Ihr Vater fand schließlich in einer Realschule in Aubing eine Nonne, die dort unterrichtete und den Neuankömmlingen Deutschunterricht gab.

Nach einigen Wochen ging es dann zur Schule. »Wir sind wegen der fehlenden Deutschkenntnisse gleich zwei Klassen runtergestuft worden, das bedeutete, aufs Gymnasium werde ich es sowieso nie schaffen. Ich empfand das als eine enorme Kränkung. Immerhin war mir in der Türkei immer klar gewesen, dass ich Abitur machen würde und studieren.« Doch die frisch Eingewanderte hatte Glück. »Mein Klassenlehrer war großartig und ging mit meiner Situation sehr einfühlsam um.« Die neue Schülerin wurde direkt neben die Klassenbeste gesetzt, die den Auftrag bekam, »mir flüsternd noch mal alles zu erklären, was ich nicht verstanden hatte«. Nach der sechsten Klasse kam Fahrali so auf die Realschule und ging gleich anschließend für ein Jahr in die Türkei. »Ich hatte das Gefühl, durch die Rückstufung zwei Jahre verloren zu haben, die ich unbedingt wieder aufholen wollte. Also dachte ich mir, das türkische Abitur in einem Jahr zu machen und dann in Deutschland zu studieren.« Das mit dem Abitur klappte, der Plan mit dem anschließenden Studium nicht, schließlich wurde das türkische Abitur hier nicht als allgemeine Hochschulreife anerkannt, weshalb es erst noch einmal auf ein Studienkolleg nach München ging. »Anschließend habe ich in Würzburg begonnen, Medizin zu studieren. Ich fand die Stadt aber recht langweilig, weshalb ich dann nach dem Ersten Staatsexamen weiter nach Berlin zog. Hier konnte ich studieren, demonstrieren und feiern!« Während des Studiums lernte Fahrali auch einen Deutschen kennen, mit dem sie seit inzwischen dreißig Jahren zusammenlebt. »Geheiratet haben wir nie, schließlich waren das die Siebzigerjahre, da war es fast wie eine Schande, so bürgerlich zu sein und zu heiraten.«

Nach dem Examen begann die junge Ärztin im Berliner Krankenhaus am Urban ihre Ausbildung zur Anästhesistin. »Ich habe dort viel auf der Intensivstation gearbeitet, was mir sehr gefallen hat. Man macht dort Grenzerfahrungen, erlebt, wie es ist, manchmal helfen zu können – und manchmal eben auch nicht. Sterben ist nichts, was ich aus meinem Leben verbannen wollte.« Einige Jahre lang habe ihr diese Arbeit im Krankenhaus

Freude gemacht, bis »der Druck der technischen Entwicklung zu groß wurde. Mir schien es, als ginge der menschliche Kontakt, die persönliche Ebene, hinter einer erstarkenden Gerätemedizin verloren. Ich habe dann dort meinen Platz nicht mehr gesehen.« Also beschloss die Anästhesistin nach zwölf Jahren Arbeit im Krankenhaus, sich 1993 mit einer eigenen Praxis niederzulassen. »Ich habe mich für Kreuzberg entschieden, da ich mich meinen Landsleuten hier verbunden fühle und integrativ wirken wollte.« Inzwischen sei etwa jeder Vierte ihrer Patienten türkischstämmig, »das ist eine ganz gute Mischung, denn nur mit Migranten zu arbeiten, ist auf die Dauer doch sehr kraft- und zeitaufwendig. Man muss ihnen vieles mehrfach erklären, zum Beispiel den Zusammenhang zwischen Übergewicht und Bluthochdruck. Wenn ich dann zu einer Patientin sage, sie solle sich mehr bewegen, bekomme ich manchmal so Antworten wie: ›Ich stehe doch schon den ganzen Tag in der Küche und mache sehr viel!‹ Dann muss ich erklären, dass Bewegung eben auch noch etwas anderes sein kann, als das Haus in Schuss zu halten.« Viele der Migranten hätten auch psychosomatische Beschwerden, »sie tragen die ganze Last der Familie, der Geschichte ihrer Auswanderung und der alltäglichen Probleme eines Lebens im fremden Umfeld mit sich herum«. Manche Frauen sperrten sich geradezu selbst ein, seien so immer mit ihren Kindern, Enkeln und deren Problemen beschäftigt. »Die fühlen sich dann sehr allein mit ihren Sorgen, kommen zu mir und erzählen. Wo sollten sie sich auch Hilfe holen? Eigentlich bräuchten sie einen Sozialarbeiter.« Den Eindruck, gebraucht zu werden, hat die Ärztin oft, »und das macht« mir auch Spaß – es ist also nicht umsonst, dass ich hier arbeite«.

Mehr Unterstützung für die Migranten wünscht sich die regelmäßig meditierende Allgemeinärztin, in deren Praxis mehrere Buddhafiguren stehen, von den Moscheevereinen. »Wir haben hier so viele Moscheen, ich würde mir sehr wünschen, dass die ihre Leute auch mal aktivieren! Es heißt zum Beispiel, Religion sei Reinheit, dann könnte man die doch auch draußen ganz praktisch umsetzen. Warum gibt es nicht Vorschläge von diesen Vereinen, mal gemeinsam die Straße zu reinigen, um hier in Kreuzberg ein wohnlicheres, saubereres Umfeld zu schaffen? Es ärgert mich, dass diese Institutionen oft nicht integrativ an praktisch sichtbaren Punkten arbeiten!«

Von der politischen Seite würde sie sich mehr Unterstützung in der Bildung wünschen. »Für mich fängt Integration bei dem an, was der Lehrer damals mit mir gemacht hat, als er mich neben die Klassenbeste setzte. Ich habe sehr viel Respekt vor engagierten Lehrern. Die sollten von der Politik nicht allein gelassen werden, denn wer an Lehrern und Bildung spart, zahlt später an anderer Stelle drauf.«

Viele Menschen würden auch nicht das Potential von Migration sehen, eine andere Sprache öffne zum Beispiel auch für eine andere Kultur. »Ich bin größer geworden durch die Migration, habe zwei Seiten, die beide wuchtig sind. Dabei habe ich mich dennoch ganz tief auf die deutsche Gesellschaft eingelassen und bin meinen Eltern dankbar, dass sie sich nicht in den Schoß der türkischen Migrantengesellschaft geflüchtet haben.« Man könne auch viel von den Deutschen lernen, so Fahrali, »sie haben mehr Tiefgang und denken immer darüber nach, wie man etwas noch besser machen könnte. Das habe ich immer bewundert und inzwischen selbst gelernt.« Bei den Türken sei es oftmals so, dass die Dinge einigermaßen ins Laufen gebracht würden, dann fände aber keine Weiterentwicklung statt und man bemühe sich zu wenig um die Verbesserung von Bestehendem. »Dafür sind Türken aber sehr gastfreundlich und großzügig, sie geben selbst dann, wenn sie wenig haben. Und sie haben mehr Leichtigkeit im Sein. Für sie sind die Dinge nicht immer gleich sooo schlimm, die Welt dreht sich weiter – und wo man etwas genießen kann, genießt man. Ich denke, ohne Türken wäre Berlin sehr viel mehr wie München.«

Insgesamt wünscht sich Fahrali für ein gutes Zusammenleben mehr Neugier und Engagement – vor allem auf Seiten der Migranten. »Erfolg messe ich an Bildung. Das bedeutet nicht, dass ein Kind gleich Professor werden muss, aber es sollte eben Rad fahren und schwimmen lernen, lesen und wissen, dass es auch ein Ostberlin gibt. Ich erlebe das oft, dass sie schon das Zittern bekommen, wenn ich meine, sie müssten mal in den Nachbarbezirk Schöneberg fahren – sie wissen gar nicht, wie man da hinkommt. Ich frage mich dann immer, auf was die Moscheen eigentlich neugierig machen, wofür sie die Menschen öffnen? Das Desinteresse der türkischen Gemeinde kann der deutsche Staat in meinen Augen nicht ausgleichen.«

Überhaupt täte der Staat, so die Ärztin, in vielerlei Hinsicht schon zu viel des Guten. »Ich bin gegen Sozialleistungen. Ich denke, dass man Menschen so eine Menge Grenzerfahrungen nimmt, die Chance, sich selbst zu behaupten und zu beweisen. Es geht sehr viel Energie verloren, wenn man weiß, dass man auch zu Hause sitzen bleiben kann und dennoch irgendwie über die Runden kommt.« In ihrer Einwanderer-Generation sei noch klar gewesen, dass man sich anstrengen müsse, da habe niemand von Sozialleistungen gelebt. »Wir wollten gut in der Schule sein, weil klar war, dass wir zurück müssen, wenn wir versagen. Und in die Fabrik wollte man nicht.« Auch der Familienzusammenhalt werde durch die Sozialtransfers untergraben, da in der Herkunftsgesellschaft schließlich die Großfamilie einspränge, wenn jemand keine Arbeit habe – und zugleich auch ein wenig Druck ausübe, um denjenigen zur Suche zu ermuntern. »Hier in Deutschland ist es doch so, dass die Kinder von Sozialhilfeempfängern auch wieder zu Sozialhilfeempfängern werden. In Familien aber, die sich sträuben zum Amt zu gehen und versuchen, es aus eigener Kraft zu schaffen, bemühen sich die Kinder auch erheblich mehr. Ich würde mich freuen, wenn die türkische Gemeinde da auch mal ein wenig für Vorbilder sorgt und die Leute ermuntert, etwas zu machen.« Denn ohne Arbeit und Anschluss an die deutsche Gesellschaft bekämen die Migranten nur Anerkennung in der Moschee – »und das reicht nicht zum Glücklichsein, das spüren sie ja auch selbst«.

Der deutsche Staat solle also den Mut haben, da einmal grundsätzlich die politischen Rahmenbedingungen zu ändern. Statt nur Geld zu transferieren, sei es sinnvoller, sich einmal zu überlegen, wie man an das brachliegende Potential der Zuwanderer herankäme. »Ich habe zum Beispiel mal mit einem Tanztherapeuten gesprochen, der mit Jugendgangs arbeitet. Er meinte, in diesen Heranwachsenden stecke oft mehr Tanz- und Theaterpotential als in vielen Fernsehshows. Aber auch solchen Institutionen werden ja wie den Schulen immer mehr Gelder gestrichen.« Für die Zukunft, so Fahrali, sei es aber wichtig, mehr von den Immigranten zu fordern und ihnen so die Chance zu geben, ihr Potential zu entwickeln – »und es muss den Willen unter den Einwanderern geben, hier auch wirklich etwas zu erreichen!«

Sebnem Gülseker

Demi-Solistin (Staatsballett Berlin)

Schon als Dreieinhalbjährige kam Sebnem Gülseker, die 1974 in Ankara geboren wurde, nach Berlin. »Meine Eltern waren beide Lehrer und hatten die Möglichkeit, für vier Jahre vom Kultusministerium in Ankara nach Deutschland entsandt zu werden. Da sie immer schon mal ins Ausland wollten, haben sie die Gelegenheit sofort genutzt.« Große Eingewöhnungsschwierigkeiten hatte Gülseker nicht. »Ich denke, für mich war der Start hier am einfachsten, als kleines Kind lernt man ja schnell. Ich kam in den Kindergarten, konnte schon nach einer Woche Deutsch und musste anfangs meinen Eltern und meiner älteren Schwester helfen, sich zurechtzufinden.« Da der Rest der Familie ein bisschen länger brauchte, um sich an die neue Umgebung und Sprache zu gewöhnen, »haben sich meine Eltern nach den vier Jahren überlegt, ihre Verträge zu verlängern und doch noch etwas länger zu bleiben, um keinen neuen Bruch zu erzeugen«.

Für Gülseker selbst ergab sich mit sieben Jahren etwas ganz Neues: »Meine Mutter kommt aus einer künstlerisch begabten Familie und hat eine tolle Stimme. Ihr Wunsch war es, solche Talente auch bei ihren Kindern zu fördern, weshalb sie meine Schwester und mich beim Ballettunterricht angemeldet hat. Schon nach der ersten Stunde wusste ich, dass ich Balletttänzerin werden wollte. Zum Glück haben meine Eltern mich auch nie mit meinen schulischen Leistungen unter Druck gesetzt. Ihnen war immer nur wichtig, dass ich versetzt wurde – mit welchen Noten war Nebensachen.« Während sich die Schwester, »die eher nach ihrem Vater kam«, nach ein paar Jahren als Hobbytänzerin entschied, doch lieber Ingenieurswissenschaften zu studieren, veränderte das Ballett Gülsekers Leben: Ihr ganzes Engagement steckte die junge Tänzerin fortan in ihren

Traumberuf und ging täglich in Tatjana Gsovskys Tanzakademie zum Training.

Nur über die Reaktionen ihrer Schullehrer wunderte sie sich: »Die haben mich immer mit ganz großen Fragezeichen in den Augen angesehen, weil ich Ballett mache, und fragten, ob meine Eltern denn davon wüssten. Natürlich wussten meine Eltern davon! Diese Lehrer hatten ein ganz starres Bild von Türkinnen im Kopf und glaubten, die würden alle Kopftuch tragen und ungebildet sein. Das tut mir so weh, dass Leute so denken, schließlich gibt es in der Türkei fünf Ballettensembles und viele gebildete Menschen wie Anwälte, Ärzte und Professoren. Aber hier glauben viele, Kreuzberg sei repräsentativ für die Türkei – dabei hat Deutschland doch einfache Arbeiter gerufen, und die sind dann auch gekommen.« Erst vor kurzem seien ein Onkel und eine Tante von ihr zu Besuch gekommen und »waren schockiert von dem, was sich in Kreuzberg abspielt. Man muss diese Leute akzeptieren, wie sie sind, aber niemand sollte davon ausgehen, dass es in der Türkei genauso zugeht! Ich glaube, Menschen, die so eine Vorstellung haben, sollten sich mal ein bisschen mehr bilden, etwas über die Türkei lesen oder auch mal dort hinfahren.«

Gülsekers eigene Kontakte waren schon als Jugendliche nicht von der ethnischen Herkunft geprägt, »in der Welt der Musik sprechen alle dieselbe Sprache, alle spielen Mozart, da ist es egal, woher man kommt, welcher Religion man angehört oder wie man aussieht. Wichtig ist nur, wie man die Musik interpretiert, wie man sie tanzt.« Nach sechs Jahren und vielen Trainingsstunden schaffte die junge Tänzerin es, die Aufnahmeprüfung an der Münchener Ballettschule Heinz Bosl zu bestehen. »Meine damalige Lehrerin hatte mir empfohlen, es zu versuchen. Die Schule hat einen sehr guten Ruf, die Ausbildung ist erstklassig. Zur selben Zeit überlegten meine Eltern aber, zurück in die Türkei zu gehen, und hatten sich sogar schon ein Haus gekauft. Nun bot sich mir die Chance, in München auf das Internat zu gehen und meinen Traum vom Ballett wahr werden zu lassen.« Gülsekers Eltern überlegten, welche Entscheidung die beste wäre, und beschlossen, in Deutschland zu bleiben. Sechs Jahre verbrachte die Tochter in der Ballettschule, die der Hochschule für Musik angegliedert ist, und wurde gleich im Anschluss vom

Münchener Ballett engagiert. »Dort habe ich dann meinen jetzigen Verlobten kennengelernt, der auch Tänzer ist. Er bekam kurz darauf ein Angebot aus Stuttgart, weshalb ich mich auch dorthin beworben habe.«

Auf sieben Jahre Stuttgart folgte die Rückkehr nach Berlin, wo Gülseker als Demi-Solistin im Staatsballett tanzt. »Demi-Solisten haben viele Solorollen und sind kaum im Chor. Die Verantwortung ist da größer – und der Trainingsaufwand auch. Solisten brauchen keine freien Tage!« Fast jeden Tag übt die 33-Jährige stundenlang im Haus Unter den Linden, denn »ohne Fleiß kein Preis! Wenn man im Ballett einen Punkt erreicht hat, muss man danach eher noch mehr trainieren, um ihn nicht wieder zu verlieren. Schließlich gibt der Körper im Alter nach – und auch die starke psychische Belastung ist nicht zu unterschätzen. Manche müssen deshalb schon mit fünfundzwanzig Jahren den Beruf aufgeben, andere tanzen, bis sie vierzig sind.« Viel Zeit für ein Privatleben bleibt da nicht, weshalb es sich gut trifft, dass Gülsekers Verlobter ebenfalls im Staatsballett tanzt. »Er ist mit neunzehn Jahren aus der Türkei nach Deutschland gekommen, seit mittlerweile zwölf Jahren sind wir ein Paar. Eigentlich wollten wir dieses Jahr in der Türkei heiraten, sind aber beide inzwischen deutsche Staatsbürger und hätten deshalb ein Ehefähigkeitszeugnis gebraucht. Das hatten wir nicht, weshalb wir alles noch einmal verschieben mussten.«

In Berlin fühlt sich Gülseker sehr wohl, »hier ist meine Heimat, auch wenn ich keine waschechte Berlinerin bin, sondern im Herzen eine Türkin. Deshalb interessiere ich mich auch nach wie vor für die Entwicklung in der Türkei. Dort ist das Kopftuch ja jetzt Mode geworden, sogar die Frau des Regierungschefs trägt eines. Inzwischen beten sie auch im Parlament fünfmal am Tag. Ich weiß nicht, was davon zu halten ist, schließlich sollten Politik und Religion getrennt sein. Mal sehen, wie es da jetzt weitergeht.« Die Tänzerin selbst ist auch gläubig, »ich bete und gehe, wenn ich in Istanbul bin, auch schon mal in die Moschee. Aber der Glauben ist eine Beziehung zwischen Gott und dem Menschen, wenn jemand also gerne ein Kopftuch tragen möchte, soll er das machen, mir aber nicht vorschreiben, wie ich meinen Glauben zu leben habe. Menschen, die ihrer Religion fanatisch nachgehen, gefallen mir überhaupt nicht.«

In die Türkei fährt die 33-Jährige jedes Jahr, und »ich spreche mit meinem Verlobten und seinen Eltern auch nur Türkisch«. Neben diesem Gewinn der Zweisprachigkeit hat für Gülseker ihre Herkunft jedoch nie eine Rolle gespielt. »Ich habe mir beim Balletttanzen die Frage gestellt, ob ich künstlerisch gut genug bin, habe aber nie überlegt, ob ich das als Türkin machen kann. Ich glaube auch, dass letztendlich sehr viel von einem selbst abhängt, ob man ein Ziel hat, an das man wirklich glaubt und das man mit allem Einsatz und Fleiß verfolgt. Man sollte seinen Traum nie aus den Augen verlieren, dann kann man es auch schaffen.« Häufig werde in türkischstämmigen Familien den Töchtern noch gesagt, was sie in ihrem Leben zu tun hätten, aber »ich denke, dass jeder seinen Traum verwirklichen sollte und nicht das, was andere sich von ihm wünschen«.

Von der deutschen Gesellschaft wünscht sich Gülseker die gleiche Offenheit, die sie aus der Musikwelt kennt. »Die Menschen sollten in Bezug auf Religion und Nationalität offener denken; jeder sollte die gleichen Startchancen haben und vom selben Blickwinkel aus betrachtet werden.« Wenn man dann noch »fest an sich glaubt und an seinem Ziel arbeitet, dann kann man es auch verwirklichen«!

Myriam Hamad

Wirtschaftswissenschaftlerin und Kampfkunst-Ausbilderin

Der Vater von Myriam Hamad kam 1961 nach Deutschland. »Eigentlich wollte er nur meinen Onkel besuchen. Die beiden hatten zusammen in Saudi-Arabien in einer Entsalzungsanlage gearbeitet und sich angefreundet.« Der Onkel stellte seinen palästinensischen Freund der Familie vor und hatte ihn bald darauf zum Schwager. »1964 wurde dann mein älterer Bruder geboren und 1965 ich selbst. Da mein Vater einen jordanischen Pass hatte und die deutsche Staatsbürgerschaft damals noch nicht über die Mutter weitergegeben werden konnte, sind wir als Ausländer in Berlin geboren.« Im Jahr darauf zog die Familie nach Bethlehem. »Dorthin war mein Vater als Kind geflüchtet, denn das Dorf, in dem er geboren worden war, ist im Krieg vollständig zerstört worden.« Mit einem Esel hatte sich die zehnköpfige Familie damals auf den Weg gemacht, »und noch heute wohnen zwei der Geschwister meines Vaters in Flüchtlingslagern«.

Auch dieses Mal stand der Start am neuen Ort nicht gerade unter einem günstigen Stern. »Zu Beginn schien sich alles gut zu entwickeln. Meine Mutter war Kinderkrankenschwester und fand gleich Arbeit. Auch nahm sie die Familie meines Vaters sofort mit offenen Armen auf – was allerdings an ihrer sehr freundlichen und zugewandten Art gelegen haben dürfte. Sie hat sich gleich auf alles eingelassen und nicht den Eindruck vermittelt, als sei sie etwas Besseres.« Kurze Zeit später gab es wieder Krieg, »mein Vater wurde verhaftet, vor unserem Haus fuhren die Panzer vorbei und es wurden Handgranaten geworfen. Dieses Erzittern des ganzen Hauses, die Panik und das Schreien von den zusammengepferchten Frauen und Kindern werde ich nie vergessen.« Hamads Mutter schaffte es, über die deutsche Vertretung die Freilassung ihres Mannes zu erzwingen, »allerdings unter der Bedingung, dass wir dann sofort ausreisen. Also sind wir schon 1968 wieder zurück nach Berlin gegangen, oder besser gesagt geflohen, denn es musste alles sehr schnell gehen und es war uns nichts mehr geblieben, was wir hätten mitnehmen können.«

Zurück in Deutschland lebte die Familie erst einmal im Keller der Großeltern. »Meinem Vater ist der Start hier sehr schwer gemacht worden, er konnte ja kaum Deutsch und ist von seinem Arbeitgeber immer zu diversen unbezahlten Extraschichten eingeteilt worden. Er war eben der ›kleine Araber‹, mit dem man alles machen konnte.« 1970 kam Hamads jüngerer Bruder zur Welt, kurz danach wurde sie selbst eingeschult. »Ich habe mich nach vorne gesetzt, da kam die Lehrerin rein und sagte: ›Ausländerkinder nach hinten! Die sitzen bei uns nicht in der ersten Reihe.‹ Ich wurde dann gefragt, ob wir zu Hause auch Stühle hätten und ob ich mit Messer und Gabel essen könne. Nach einer Weile wurde meinen Eltern nahegelegt, mich aufgrund meines ›ungezügelten Wesens‹ doch auf die Sonderschule zu schicken. Zum Glück haben die mich aber unterstützt und wussten, dass ich nicht dumm bin.«

Nach der Grundschule, die in Berlin sechs Jahre dauerte, wurde Hamad für ein Jahr nach Bayern zur anderen Großmutter geschickt. »Ich sollte dort die Chance eines schulischen Neustarts bekommen. Außerdem trennten sich meine Eltern gerade, so dass die Atmosphäre zu Hause nicht gerade friedlich war.« In Bayern war die Schülerin dann von neuem Außenseiterin, »denn ich war die Einzige mit Migrationshintergrund und die Einzige aus einer Großstadt. Nach Hause zu den Mitschülern wurde ich nie eingeladen.« Anschließend ging es für drei Jahre wieder nach Berlin und dann nach Niedersachsen. »Mein Vater war inzwischen Vertriebschef für Minolta im Nahen Osten geworden und arbeitete in Hannover. Ich wollte mal raus aus Berlin und dachte, ihm vielleicht näherzukommen, wenn wir wieder zusammen wohnen.« Der Schulstart in Hannovers Vorort Langenhagen war indes kein schönes Erlebnis. »Ich bin dort in die elfte Klasse gekommen und wurde gleich am ersten Tag von Mitschülern angefasst, die sehen wollten, ob ich abfärbe. Weil ich in den Pausen den ›Spiegel‹ las, galt ich als Kommunistin und überhaupt als kaum noch sozialisationsfähig.« Schließlich trampte Hamad an den Wochenenden gelegentlich nach Berlin. »Das hatte ein Reporter einer kleinen Postille vor Ort gesehen, machte ein Foto und schrieb etwas drüber. Da hieß es dann von allen Seiten: ›So etwas machen Schülerinnen unserer Schule nicht!‹ Überhaupt hingen in der Gegend alle immer hinter ihren Vorhängen und spähten auf die Straße, wer sich da bewegt und eventuell etwas ›falsch‹ macht.«

Nach einem halben Jahr war die Schülerin dann mit ihrem Rad unterwegs und stürzte auf einem Waldweg. »Der Nachbarsjunge hat mich gefunden und ins Krankenhaus gebracht, wo die mir die ganzen Steine aus den Knien gezogen haben. Ich kam natürlich später nach Hause als geplant. Mein Vater hat mich gar nicht erst gefragt, wo ich gewesen bin, sondern schlug gleich zu.« So intensiv, dass Hamad noch am selben Abend ihre Sachen packte und auszog. »Ich nahm mir eine eigene kleine Wohnung, habe mir erst mit Nebenjobs etwas verdient und dann, nach heftiger Intervention meiner Mutter, von meinem Vater Unterhalt bekommen, um mich zu finanzieren.« Nach dem Abitur ging es wieder nach Berlin zum Studium. »Ich habe Wirtschaftswissenschaften studiert, weil ich dachte, etwas lernen zu müssen, mit dem ich mich selbständig über Wasser halten könnte.« Besonders viele Freundschaften bildeten sich auch hier nicht heraus, »denn die meisten meiner Kommilitonen waren von Beruf Kinder. Da sollte der Sohn mal den Betrieb des Vaters übernehmen. Es war aber auch ein guter Heiratsmarkt: Im ersten Semester kamen noch viele Frauen, im zweiten waren sie dann schwanger, im dritten gab es fast nur noch Männer, und die trugen einen Ring am Finger.«

Aber auch Hamad selbst traf an der Universität ihren späteren Ehemann. »Wir hatten uns schon Jahre zuvor kennengelernt, als wir zusammen auf die Arabische Schule gingen. Dort lernten Kinder von arabischen Migranten die Sprache, es wurden Feste gefeiert und zusammen gekocht.« Hamad und ihr späterer Mann waren jedoch in unterschiedlichen Klassen, erst auf einer Reise sprachen sie miteinander. »Wir sind 1978 von der irakischen Regierung eingeladen worden und haben dort eine große Rundfahrt unternommen. In den hängenden Gärten von Babylon habe ich meinen Mann dann zum ersten Mal gesehen und gleich beschlossen, ihn später zu heiraten.« In Berlin trafen sie sich dann noch einige Male, bevor sie sich durch Hamads Umzug nach Hannover aus den Augen verloren. »An der Universität habe ich dann einen gemeinsamen Bekannten getroffen, der uns gleich wieder in Kontakt brachte.« 1993 heirateten der Jurist und spätere Richter und die Wirtschaftswissenschaftlerin. »Zwei Jahre danach machte ich mein Diplom und Faris kam zur Welt.«

Mit der Geburt des ersten Sohnes der deutsch-palästinensisch-irakischen Familie wurden alle bis dahin getätigten Planungen und Lebensentwürfe verworfen. »Er hat Trisomie 21, eine numerische Chromosomenanomalie. Und ein behindertes Kind zu haben, bedeutet eine komplette Umstellung des Lebens.« Einen Babysitter zu bekommen war unmöglich, stattdessen lehnten es sogar einige Familienangehörige ab, das Kleinkind auf den Arm zu nehmen. Auch mit Ärzten war und ist der Umgang oft schwer, »die kleben da gerne gleich vorne auf die Krankenmappe ein Zettelchen mit ›mongoloid‹ drauf und begreifen nicht, dass einen solche Naziausdrücke verletzen. Ein Arzt meinte auch gleich nach der Geburt zu mir, ich könne den Jungen ja mal eine Nacht auf dem Balkon schlafen lassen, dann habe sich das Problem erledigt. Faris ist im Januar geboren.« Bis heute ist ihr Sohn regelmäßig krank, »inzwischen hatte er schon allein 19 Lungenentzündungen. Große Reisen kann man da nicht mehr unternehmen.« Folglich fährt Hamad, die bis zu ihrem 22. Lebensjahr jedes Jahr in Palästina war, nun auch nicht mehr zum Verwandtenbesuch nach Bethlehem. »Dort gibt es ja nicht einmal ein richtiges Krankenhaus, eine Fahrt wäre also unverantwortlich.«

Inzwischen hat die Familie drei Kinder, »aber leider können wir nicht Arabisch mit ihnen sprechen, weil ich schon froh bin, wenn Faris uns auf Deutsch versteht. Alles darüber hinaus würde nur verwirren.« Arabische Vornamen tragen die beiden anderen allerdings auch, denn »wir sind Araber und ich versuche ihnen auch diese Kultur nahezubringen, ihnen etwas über die Geschichte zu erzählen und ein umfassendes Wissen zu vermitteln«. Sie selbst habe schließlich in ihrer Kindheit und Jugend nur immer gemerkt, »anders zu sein, aber ich hatte keine andere Identität, auf die ich mich dann hätte berufen können. Ich wusste nur, dass ich von den Deutschen nicht als Deutsche akzeptiert wurde.«

Sich durchzuschlagen hat Hamad auf diese Weise allerdings schnell gelernt und schaffte es, in einer Männerdomäne erfolgreich aufzusteigen. »Ich
hatte in meiner Jugend Karate trainiert und wollte dann 1988 wieder mit
einem Kampfsport anfangen. Mein Mann hat mir dann WingTsun empfohlen. Das ist eine chinesische KungFu Art, die nicht auf den sportlichen Wett-
kampf, sondern auf reale Selbstverteidigung ausgerichtet ist.« Also meldete
sich die Wirtschaftswissenschaftlerin in einer WingTsun-Schule in einem
der sozialen Brennpunkte Berlins, dem Stadtteil Neukölln, an. »Da kam
mir dann der 1,95 Meter große, komplett tätowierte Ausbilder entgegen
und sagte nur: ›Was willst du denn hier?!‹« Hamad wollte trainieren, denn
schließlich ist sie »jemand, der überall aneckt und deshalb beim ersten Hin-
sehen gleich Respekt hervorrufen muss, um nicht in die Opferrolle zu kommen. Außerdem setzt diese Kampfkunst auch immer eine Auseinandersetzung mit sich selbst voraus, so dass die eigene Entwicklung gefördert wird.«
Gefördert wurde Hamad in dem neuen Umfeld zunächst einmal nicht, »es
kamen immer zwischen dreißig und fünfzig Männer zum Training, ich war
die einzige Frau. Ich galt als kopflastige, unangenehme Schülerin, weil ich
verstehen wollte, was ich mache. Aber ich bin drangeblieben und habe
mich durchgebissen.«

Hamad begann nach wenigen Jahren selbst zu unterrichten und förderte
besonders die nachkommenden Frauen, »da die einfach anders unterrichtet werden müssen. Frauen müssen lernen, wirklich Selbstbewusstsein zu
entwickeln und sich nicht immer nur nett zurückzuhalten. Dann sind sie
ideal geeignet für WingTsun. Männer hingegen muss man erst einmal ein
bisschen auf den Teppich holen, damit sie die Techniken überhaupt umsetzen können.« Daneben sorgte sie für ein annehmbareres Umfeld, »indem
ich zumindest eine Frauenumkleidekabine eingerichtet habe. Durch mich
kamen weitere Frauen in die Schule.« Im vergangenen Jahr ist der 42-Jäh-
rigen der 3. Technikergrad verliehen worden, was dem 3. Schwarzgurt in
anderen Disziplinen entspricht. Damit ist Hamad die höchstdekorierte Frau
in Ostdeutschland. Seit zehn Jahren betreibt sie im Süden Berlins eine eigene Schule und trainiert dort Männer, Frauen und Kinder. »Auch auf den
bundesweiten Lehrgängen, die ich regelmäßig besuche, war ich früher oft

die einzige Frau. Das hat sich inzwischen zum Glück etwas geändert, wir schaffen meistens zumindest die Fünfprozenthürde.«

Am Bild einer Frau, die Kung-Fu unterrichtet, habe sich aber wenig geändert. »Ich habe das heute noch, dass Leute zu mir in die Schule kommen und nach der Schulleiterin fragen. Schließlich stellen sie sich unter einer Kampfkunstlehrerin einen Schrank mit speckigen Achselhöhlen, kurzen Haaren und Trillerpfeife vor. Dass eine Frau auch weiblich sein kann und trotzdem eine Kämpferin ist, sprengt ihre Vorstellungskraft.« Tradierte Vorstellungen aufzulösen, das wünscht sich Hamad auch von anderen Migrantinnen. »Sie fallen leider oft zu schnell wieder in alte Rollen zurück – oder orientieren sich im Gegenteil zu stark am westlichen Vorbild. Sie stehen also entweder mit Anfang zwanzig schon am Herd oder meinen, sich als Frau im Westen zwischen Kindern und Karriere entscheiden zu müssen. Ich denke, das müsste gar nicht sein, gerade Migrantinnen bringen doch so viele Ressourcen wie das interdisziplinäre Denken und bikulturelle Fähigkeiten mit, dass sie sich auf dem Arbeitsmarkt behaupten könnten, ohne auf eine Familie verzichten zu müssen.«

Hamad selbst hat den Eindruck, in ihrem Leben heute nur auf eines verzichten zu müssen, den regelmäßigen Besuch in der Heimat ihres Vaters. »Die Touren dorthin habe ich zwar in wenig guter Erinnerung. Wir sind ja manchmal die ganze Strecke mit dem Auto gefahren und haben dann irgendwo gezeltet, wo die Nacht über uns hereingebrochen ist. Es kam vor, dass ich vom Muhen einer Kuh, die direkt vor dem Zelt stand, oder vom Hupen der Autos wach geworden bin, weil mein Vater unser Quartier mitten auf einer jugoslawischen Verkehrsinsel aufgeschlagen hatte. Aber wenn wir dann endlich da waren, hatte ich immer das Gefühl, als ginge eine Tür in mir auf und ich sei endlich zu Hause. Wenn es meine familiären Umstände und die Situation dort eines Tages erlauben, würde ich deshalb gerne wieder in Palästina leben.«

Azza Hassan

TV-Journalistin (Deutsche Welle)
und Übersetzerin

Azza Hassan kam 1970 als erstes von sieben Kindern zur Welt. »Als älteste Tochter wird man schnell in den ganzen Familienablauf einbezogen und lernt praktisch vom ersten Tag an, vernünftig zu sein – und fleißig!« Sehr ehrgeizig sei ihre Mutter gewesen, »denn sie hat früh gemerkt, dass man als Frau sehr viel leisten muss, um es zu etwas zu bringen. Ihr Vater, ein sehr traditionsbewusster Mann, hatte – im Gegensatz zu den islamischen Vorschriften – seinen ganzen Besitz nur an ihre beiden Brüder vererbt. Seine Tochter sei schließlich verheiratet, hatte mein Großvater gemeint, also bekäme ja sonst eine fremde Familie sein Geld. Ich empfand das trotz meiner starken Liebe zur Familie meiner Mutter als sehr unfair und habe so einen ausgeprägten Gerechtigkeitssinn entwickelt.«

1979 zog die ganze Familie von Ägypten nach Libyen, »dort habe ich meinen mittleren Schulabschluss gemacht. Ich fühlte mich als Ägypterin allerdings vielfach benachteiligt, durfte zum Beispiel an Chorreisen der Schule ins Ausland nicht teilnehmen und bekam schlechtere Zeugnisse ausgehändigt, als es meinen Leistungen entsprochen hätte – schließlich sollte in meiner Schule keine Ausländerin Klassenbeste werden. Da zudem das Bildungssystem in Ägypten besser ist, beschloss ich, dort mein Abitur zu machen, und zog zu meiner Großmutter nach Kairo.« Zwei Jahre später kam auch der Rest der Familie wieder zurück, lebte allerdings zunächst auf dem Land. Azza Hassan selbst machte ihr Abitur und »schloss als eine der zehn Besten der Schule ab. Wir sind dann seltsamerweise mit einem Satz Kochtöpfe geehrt worden, was für mich doppelt komisch war, da ich gar nicht kochen konnte.«

Eigentlich war es Hassans Traum, Kinderärztin zu werden, aber daraus wurde wegen der universitären Zulassungsbestimmungen nichts. Deshalb schaute sich die 17-Jährige noch einmal ihr Zeugnis an und stellte fest, dass sie sich »in Naturwissenschaften immer hatte bemühen müssen, gute Noten zu bekommen – in den Sprachen waren sie mir aber zugefallen. Also beschloss ich, Sprachen zu studieren.« Die Wahl fiel auf Germanistik, »weil ich in Libyen eine Freundin gehabt hatte, deren Mutter aus Berlin stammte. Deren Lebensweise hatte mich beeindruckt, weil sie so anders war als unsere eigene, zum Beispiel hatte sie nur zwei Kinder. Außerdem war ich als begeisterte Leseratte von den übersetzten deutschen Kindermärchen sehr fasziniert.« Neben dem Studium besuchte Hassan auch das Goethe-Institut, »schließlich waren bei uns im Jahrgang auch Absolventen der deutschen Schule, während für mich Deutsch ja eine komplett neue Sprache war. Also musste ich aufholen und lernte zusätzlich noch privat.« Vom Goethe-Institut gab es dann für mich als Schülerin mit besonders guten Leistungen am Ende des Studiums ein dreimonatiges Stipendium für Deutschland. »Ich habe also mit einundzwanzig Jahren meinen Eltern eröffnet, dass ich nach den drei Monaten in Deutschland studieren wolle. Die Familie war gespalten. Einige meinten, sie könnten mich doch nicht allein in das libertäre Europa gehen lassen, wo ich niemanden kenne. Mein Vater aber sagte, er habe mich gut erzogen, so dass ich schon zurechtkäme.«

Fraglich war nur, wie es mit einer Heirat aussah. »Mein Cousin, der achteinhalb Jahre älter war als ich, hatte schon dreimal um meine Hand angehalten. Mir war das aber immer viel zu früh gewesen, schließlich wollte ich zunächst meine Ausbildung fertig machen und mich entwickeln. Bevor ich dann nach Deutschland ging, stimmte ich der Heirat zu und wir verlobten uns.« Ins Flugzeug stieg die 21-Jährige dennoch allein und wunderte sich am Flughafen Tegel, weil sie niemand aus ihrer vom Goethe-Institut organisierten Gastfamilie abholte. »Ein Mann hat mir dann zwanzig Mark gegeben und gemeint, ich solle damit ein Taxi nehmen und zum Institut fahren, damit die mir weiterhelfen. Ich war sehr überrascht von seiner Freundlichkeit!« Der zweite Eindruck war weniger gastfreundlich. »Als ich endlich bei der Familie angekommen war, haben die mich nicht mal gefragt, ob ich Hunger hätte. Ich bin also mit knurrendem Magen ins Bett, morgens um sechs Uhr bin ich gleich aufgestanden und runter auf die Straße, um irgendetwas zu essen zu kaufen. Da hatte ich den Eindruck, in Deutschland müsse man aufpassen, nicht zu verhungern.«

An der Freien Universität begann Hassan, stets gut mit belegten Broten ausgerüstet, Linguistik und Arabistik zu studieren. »Ich wollte sehen, wie man in Europa an diese Materie herangeht und habe auch schnell angefangen, selbst Arabisch zu unterrichten und nach einer Weile sogar Lehraufträge bekommen.«

1993 bekam Hassans Verlobter, der in Ägypten Ingenieur geworden war, dann einen Promotionsplatz in Berlin. »Einen Monat nach seiner Ankunft haben wir geheiratet, zwei Jahre später kam unsere Tochter zur Welt. Es war eine Risikoschwangerschaft, so dass ich im vierten Monat ins Krankenhaus kam und nach der Entlassung bis zur Entbindung liegen musste.« Wieder daheim waren die Verhältnisse zunächst auch schwierig, »wir lebten bis kurz vor der Geburt meiner Tochter auf neun Quadratmetern im Studentenheim, bis wir über einen Kollegen meines Mannes eine eigene Wohnung bekamen. Uns hätte wohl kaum ein Vermieter eine Wohnung überlassen, da wir kein geregeltes Einkommen hatten.« Mehrfach dachte die Familie über eine Rückkehr nach Ägypten nach, »aber es wäre mir wie eine Niederlage vorgekommen, zurückzugehen, ohne erreicht zu haben, was ich mir vorgenommen hatte«.

So kam 1999 auch der gemeinsame Sohn in Berlin zur Welt. Kurz nach der Entbindung legte Hassan ihre staatliche Übersetzerprüfung ab. Sie arbeitete als Kulturmanagerin in mehreren Integrationsprojekten und als Korrespondentin für das ägyptische Fernsehen, bis 2002 ein Jobangebot der frisch gegründeten arabischen Adaption der Deutschen Welle kam. »Anfangs lief das Programm nur mit arabischen Untertiteln, seit 2005 produzieren wir aber auch eigene Beiträge und haben unsere eigene Journalsendung.« Hassan fungiert hier als Chefin vom Dienst, Lektorin, Chefsprecherin und Autorin. Ihre Leidenschaft gilt besonders der Kunst und Literatur. »Ich habe mehrere Jahre in einem arabischen Chor gesungen und experimentiere seit kurzem mit Gesang und Klavierspiel auf dem Gebiet der europäischen Musik. Besonders gern aber schreibe ich Gedichte – auf Hocharabisch, Ägyptisch und Deutsch. Ein-, zweimal im Jahr lese ich meine eigene Lyrik auf Kulturveranstaltungen vor. Schreiben war für mich immer ein Ventil und zugleich eine Möglichkeit, Kraft zu schöpfen.«

Auch die Religion habe ihr stets Halt gegeben, so die 37-Jährige. »Der Glaube hat mir all die Jahre geholfen, denn Gott sieht, was du tust. Ich bin überzeugt, dass alles Gute wie Schlechte eines Tages zu einem zurückkommt. Die Religion war und ist also mein Anker im Leben – was nicht bedeutet, dass ich zum Beispiel meine Tochter nicht bei ihrer Einschulung zum ökumenischen Gottesdienst in die Kirche begleitet hätte, wo sie vom Priester gesegnet wurde. Ich mag auch Weihnachten sehr und feiere es zusammen mit deutschen Freunden und wir machen eine Bescherung für die Kinder. Meiner Meinung nach ist Religion dazu da, Menschen glücklich zu machen. Wenn sie anfängt unglücklich zu machen oder Kriege zu stiften, dann haben die Menschen sie nicht richtig verstanden.«

Für die Zukunft wünscht sich Hassan, dass mehr Zuwanderer »die Hürde überwinden, diese fremde Gesellschaft als ihnen feindlich gesonnene Umwelt zu betrachten. Man sollte stattdessen gucken, was man voneinander lernen, wie man durch andere Kulturen beschenkt werden kann. Ich selbst habe sehr viel von meinen deutschen Freunden gelernt. Ich denke, dass, wenn wir mehr Menschen hätten, die viel von anderen Kulturen wüssten, es weniger Konflikte gäbe.« Von der deutschen Gesellschaft wünscht sich die Journalistin, »keine Politik der Assimilation zu betreiben. Ich zum Beispiel esse kein Schweinefleisch und trinke keinen Alkohol. Wenn dann ein Deutscher auf einen Ausländer zeigt und sagt: ›Schau, der macht das nicht – der ist nicht integriert!‹, stört mich das. Davon sollte man wegkommen und lieber Respekt vor dem anderen zeigen.«

Hayat Hayta

Polizei-Oberkommissarin (geschlossene Einheit)

»»Hayat‹ bedeutet ›das Leben‹ und ›Hayta‹ ›Wer das Leben liebt‹ beziehungsweise ›Hallodri‹«, erklärt die 1974 geborene Polizistin Hayat Hayta.
»Ich liebe das Leben auch, aber ein Hallodri bin ich nicht, glaub ich zumindest!« Anfang der Siebzigerjahre kamen ihre Eltern nach Deutschland und
bekamen zwei Töchter, die inzwischen beide Polizistinnen geworden sind.
»Ich wollte immer zur Polizei, aber meine Mutter war anfangs dagegen,
weil sie Angst um meine Gesundheit hatte.« Also beugte sich Hayta zunächst der mütterlichen Sorge und machte nach der mittleren Reife eine
Ausbildung zur Einzelhandelskauffrau bei C & A. »Aber da sah ich keine
Zukunft. Als ich nach drei Jahren ausgelernt hatte und fragte, wie es nun
weiter nach oben gehen könne, meinten die, das sei als Verkäuferin sehr
schwierig. Da ich aber nicht den Rest meines Lebens Kleiderbügel sortieren wollte, beschloss ich, meinem ursprünglichen Traum zu folgen und zur
Polizei zu gehen.«
1994 begann Hayta ihre Ausbildung im mittleren Dienst, kam auf eine
Dienststelle im Berliner Wedding und fuhr zunächst Streife. »Da habe ich
mein Türkisch sehr oft anwenden können, es gibt ja viele Türken hier, die
nicht richtig Deutsch sprechen.« Sie selbst hingegen konnte bis zu ihrem
siebten Lebensjahr kein Wort Türkisch. »Ich hatte eine deutsche Tagesmut-
ter und viele Freunde meiner Eltern waren Deutsche. Ich bin ganz anders
aufgewachsen als viele Migrantenkinder jetzt. Inzwischen begegnet man ja
regelmäßig auf der Straße 8- oder 9-jährigen Kindern, die überhaupt nicht
richtig Deutsch können. Das schockiert mich immer richtig und ich frage
mich, wie so etwas passieren kann. Die Möglichkeiten sind doch da!« Sie
selbst ist inzwischen zweisprachig und spricht fließend Türkisch, was ihr bei

der Arbeit häufig hilft. »Ich versuche es immer erst auf Deutsch, schließlich fühlen sich die Kollegen sonst ausgeschlossen und es wirkt, als mache man auf Kumpel. Wir haben aber schließlich mit Straftätern zu tun, da sollte man auf Distanz achten.« Da kaum jemand vermutet, dass bei der deutschen Polizei jemand türkische Sprachkenntnisse hat, konnte Hayta schon manchen Fall leicht lösen. »Einmal sind wir an einem türkischen Café vorbeigegangen, da kam starker Geruch raus. Wir sind rein und sahen nur vier Jugendliche herumsitzen. Der eine sagte auf Türkisch zu seinem Freund, er solle sich keine Sorgen machen, der Stoff sei gut versteckt – und beschrieb dann den Ort. Ich bin einfach hingegangen und habe einen riesigen Sack mit Drogen rausgezogen. Das war der größte Drogenfund seit vielen Jahren in der Gegend.«

Aber auch bei ihren Kollegen konnte Hayta mit ihrer Herkunft für etwas mehr Verständnis werben. »Es ist zum Beispiel besser, wenn man die Schuhe auszieht, bevor man in eine türkische Wohnung geht. Ich trage bei mir zu Hause auch keine Schuhe, weil ich Parkett habe und nicht will, dass das dreckig wird. Bei gläubigen Muslims ist es aber so, dass sie auf dem Boden beten und Schuhe als unrein gelten. Wenn man bei denen mit Stiefeln durch die Wohnung läuft, kommt das also gar nicht gut an.«

Nach sechs Jahren auf Streife wechselte die Polizistin ihre Dienststelle und ist seither in einer geschlossenen Einheit vor allem im Berliner Norden unterwegs. »Wir sind in Mannschaftswagen jeweils mit mindestens acht Leuten und gehen zum Beispiel zu Demonstrationen, Staatsbesuchen, Fußballspielen und Straßenfesten. Daneben fahren wir auch Streife, regeln den Verkehr oder werden zu Schlägereien gerufen.« Hayta selbst ist nach einem mehrmonatigen Lehrgang und einigen Tests zur Kommissarin im gehobenen Dienst aufgestiegen und seit 2007 sogar Oberkommissarin. »Ich sitze seither in dem Mannschaftswagen vorne rechts und bin die Gruppenführerin.«

Die Polizistin erklärt, immer schon den Aufstieg angestrebt zu haben. »Es gibt natürlich auch Gerede, dass ich meine schnelle Karriere nur meinem Migrationshintergrund zu verdanken habe, aber das ist Quatsch. Ich habe einfach besonders viel geleistet und gearbeitet.« Sie sei stets im Dienst und halte auch die Augen offen, nachdem sie den Kampfanzug abgelegt hat. »Ich habe schon oft Sprayer festgehalten und gewartet, bis dann die Polizei kam. Ich mag es einfach nicht, wenn man mir die Häuserwand vollmalt, da schreite ich ein.« Oft habe sie dabei mehr Glück als Verstand gehabt, »denn ich gehe zum Beispiel bei Schlägereien dazwischen, das ist selbstverständlich, was soll ich auch anderes machen, wenn ich daneben stehe und die schlagen sich so lange, bis einer liegen bleibt?« Erst kürzlich sei sie bei einer Verkehrskontrolle angefahren worden. »Da hatte ich wieder sehr viel Glück, denn ich war zwischen zwei Wagen eingeklemmt. Glücklicherweise habe ich mir nur ein paar Stauchungen geholt. Aber manchmal ist es deprimierend, wenn so jemand schon wieder auf der Straße steht, während man selbst noch mit dem Papierkram beschäftigt ist. Aber ich denke mir, es ist besser, nicht aufzugeben und Straftäter zur Not vier- oder fünfmal zu überführen, irgendwann werden sie schon verurteilt werden.«

Auch in ihrem Zug sei sie bekannt dafür, dass sie »immer irgendwelche Delikte aufdecke, wenn wir unterwegs sind«. Manch einer führe deshalb schon gar nicht mehr gerne bei ihr im Wagen mit, es sei eben ständig etwas los. »Als Frau ist es natürlich schwierig, sich in so einem Männerverein durchzusetzen. Man muss einfach mehr leisten, um dieselbe Anerkennung zu erhalten.« Ihr türkischer Hintergrund sei hingegen kein Fallstrick gewesen, »da gab es nie offensichtlich Probleme«. Was Hayta indes wundert, ist, dass Migranten bei der Polizei nicht offensiver gefordert und gefördert werden. »Das Potential, zum Beispiel Türkisch oder Arabisch fließend sprechen zu können und sich auch in den Kreisen problemlos bewegen zu können, wird in meinen Augen zu wenig genutzt. Mich wundert es, dass solche Leute nicht von den entsprechenden Dienststellen angefordert werden, wo sie eben besonders hilfreich sein könnten.« Sie selbst könne sich zum Beispiel auch vorstellen, später beim Staatsschutz oder Landeskriminalamt tätig zu sein, »ich denke, dort könnten Sprachkenntnisse auch nützlich sein«.

Insgesamt, so Hayta, »bin ich vollkommen zufrieden mit mir, meinem Beruf und meinem Leben«. Beruf und Leben teilt die 33-Jährige mit einem ebenfalls türkischstämmigen Polizisten. Die Türkei selbst ist für die Oberkommissarin aber nur als Urlaubsland attraktiv. »Wir waren lange Zeit jedes Jahr in den Ferien dort. Aber leben könnte ich in der Türkei kaum, ich könnte dort ja auch zum Beispiel meinen Beruf gar nicht ausüben.« Vor wenigen Wochen ist allerdings Haytas inzwischen verwitwete Mutter in die Heimat zurückgekehrt. »Sie hatte große Angst vor diesem Schritt, aber meine Schwester und ich haben ihr gesagt, dass sie ja jederzeit wiederkommen kann.« Schließlich hat die ganze Familie die deutsche Staatsbürgerschaft, das Tor bleibt also offen. »Aber wie meine Mutter im Rentenalter direkt am Meer zu leben, stelle ich mir durchaus schön vor!«

Von den jüngeren Türken hier in Deutschland wünscht sich Hayta mehr Engagement. »Ich denke, dass es an einem selbst liegt, was aus seinem Leben zu machen. In meinem Umfeld haben alle gute Jobs und einen gemischten Freundeskreis.« Ihre Eltern seien damals dem Land gegenüber aufgeschlossen gewesen, »wir haben zum Beispiel Weihnachten gefeiert und dann Geschenke bekommen«. Auch die islamischen Feste wie Zucker- und Opferfest wurden begangen, »das war für uns Kinder schön, weil man dann auch beschenkt wird«. Sie selbst sieht sich nicht als religiös, »aber wenn ich mich für eine Religion entscheiden müsste, dann wäre das wohl die meiner Eltern – obwohl die auch nicht sehr gläubig waren«.

»Meine Mutter war Verkäuferin und mein Vater hatte eine Pizzeria. Bei der Generation ging es doch auch mit dem Ankommen und Aufsteigen in Deutschland. Ich denke, viele der Migranten müssten einfach mehr Eigeninitiative zeigen und sich anstrengen, dann würden sie mehr Erfolg haben und in gute Positionen kommen.« Von der Politik wünscht sich Hayta lediglich einen anderen Umgang mit der Bildung. »Der Sohn meines Schwagers geht in eine Klasse mit fünfzig Prozent Arabern, fünf Deutschen und dem Rest Türken. Da ist dann natürlich klar, wer wen integriert und wessen Sprache gelernt wird!«

Tülin Hüner

Geschäftsleiterin (Bauhaus)

Zwölf Jahre alt war Tülin Hüner, als sie im Oktober 1972 mit ihren Eltern und dem sechs Jahre alten Bruder nach Deutschland kam. Dort erwartete die Türkin zunächst einmal ein Kulturschock. »Ich bin in eine Sonderklasse für Ausländer gekommen, da saßen auch Analphabeten.« Schnell wurde ihr klar, dass sie dort rausmusste, wollte sie es in Deutschland zu einem guten Schulabschluss bringen. »Nach neun Monaten bin ich so auf der deutschen Hauptschule gelandet, wo ich aber auch nicht bleiben wollte. Also stellte ich mich zwei Monate lang jeden Tag vor das Zimmer des Schulleiters und sagte ihm, dass ich aufs Gymnasium wolle.« Nach zwei Monaten hatte sie den Mann mit ihrer Hartnäckigkeit überzeugt, sie kam in eine Aufbauklasse und nach knapp einem Jahr auf das Gymnasium. »Ich hatte das Gefühl, dort hinzugehören. Schließlich war mein Vater mit uns nach Deutschland gekommen, damit seine Kinder hier studieren konnten.« Der Vater selbst war als Offizier der türkischen Armee in England zur Universität gegangen und anschließend Ausbilder für die Offiziersanwärter in den Fächern Englisch und Sport. Hier in Deutschland wurde der Offizier dann Lehrer für Sport und Englisch an einer Hauptschule. »Dass mein Vater fließend Englisch konnte, hat uns sehr geholfen. Wir standen also nie so allein und hilflos in der Gegend herum wie viele der anderen türkischen Einwanderer jener Jahre.«

Einsam und verloren kann man sich Hüner bis heute auch nur schwer vorstellen. Im Gegenteil, die Welt schien ihr gelegentlich etwas klein vorzukommen, jedenfalls begann sie nach dem Abitur, Luft- und Raumfahrttechnik zu studieren. Dabei lernte die Einwanderin ihren Mann kennen; 1984 wurde die gemeinsame Tochter geboren. »Um Geld zu verdienen, habe ich neben dem Studium als Dolmetscherin bei einer Bank und als Kassiererin beim Bauhaus gearbeitet. Dort habe ich mich wohlgefühlt und fand die Kollegen sehr angenehm. Als eine Traineestelle ausgeschrieben wurde, habe ich mich deshalb einfach beworben.« Hüner wurde angenommen und absolvierte von 1990 bis 1992 ihre Ausbildung. Gleich im Anschluss wurde sie stellvertretende Geschäftsleiterin, seit 1996 ist sie alleinige Geschäftsleiterin der Filiale in Berlin-Wilmersdorf und führt zweiundzwanzig Mitarbeiter sowie dreizehn Aushilfen an.

Dass das Bauhaus recht wenig mit dem Weltraum zu tun hat, stört die 48-Jährige nicht. »Unsere Familien leben in Berlin, so dass wir beide gerne in der Stadt bleiben wollten. Auch mein Mann baut keine Flugzeuge, sondern ist inzwischen Projektkoordinator im türkischen Elternverein Berlin-Brandenburg.« Dass sie selbst es als Frau zur Geschäftsführerin gebracht hat, liege insgesamt daran, dass »Frauen überhaupt viele Vorteile haben, sie können besser organisieren, mehrere Dinge gleichzeitig erledigen und auf Menschen eingehen. Frauen sind in vielen Gebieten besser als Männer!« Dennoch fänden sich wenige Frauen in den Spitzenpositionen, »was zum Teil aber wohl auch an den ungünstigen Arbeitszeiten liegt. Führungskräfte arbeiten meistens fünfundvierzig bis fünfzig Stunden in der Woche. Mit kleinen Kindern ist das nicht zu machen.« Auch deshalb sei sie froh, ihre Tochter schon während ihres Studiums bekommen zu haben, »inzwischen ist sie erwachsen und studiert Zahnmedizin«.

Dass sie selbst nicht nur als Frau, sondern auch als Türkin auf ihren Posten gekommen ist, spielte in Hüners Augen keine große Rolle. »Ich glaube, bei der Einstellung wurde einfach überprüft, ob ich Menschen führen kann – und den Eindruck konnte ich anscheinend vermitteln. Ich habe auch wegen meines Aussehens nie Ablehnung erfahren«, erklärt die große, blonde Frau. »Wenn ich neben einer kleinen, deutschen dunkelhaarigen Frau an der Straße stehe und jemand will nach dem Weg fragen, richtet er sich immer an mich.« Auch in ihrer ersten Wohnung in Berlin habe sie solche Erfahrungen mit der Nachbarschaft gemacht. »Eine Frau fragte uns nach ein paar Tagen, woher wir denn kämen. Als wir dann ›Türkei‹ antworteten, war sie ganz überrascht und meinte: ›Aber Sie sehen doch so anständig und sauber aus!«« Auch wenn die blonde Geschäftsfrau rein optisch nicht dem türkischen Klischee entspricht, geht sie davon aus, aufgrund ihres Namens nie als wirkliche Deutsche anerkannt zu werden.»In meiner Familie haben alle seit 1994 die deutsche Staatsbürgerschaft, wir hätten es schön gefunden, wenn wir danach auch wirklich als Deutsche angesehen worden wären. Ich denke, nur dann kann man von einer wirklich erfolgreichen Einwanderung sprechen – und die ist in Deutschland derzeit meiner Ansicht nach noch nicht möglich, wenn man sich erst einmal von ›Tülin‹ zu ›Tanja‹ umbenennen müsste, um wirklich vollständig integriert zu werden.«

Gesprochen wird im Hause Hüner mal Deutsch, mal Türkisch.»Wir achten aber immer sehr darauf, nicht in diesen Mischmasch zu verfallen, in dem man mitten im Satz die Sprache wechselt. Dann gibt es bei uns noch die Standardsprache für besondere Anlässe. Zum Beispiel streiten mein Mann und ich grundsätzlich nur auf Deutsch, damit wir überlegter formulieren und uns nicht in einem Gefühlsausbruch alles Mögliche an den Kopf werfen.«

Insgesamt könnten Türken und Deutsche viel voneinander lernen, denkt die 48-Jährige.»Der Familienzusammenhalt ist unter den Türken größer; dafür sind die Deutschen einfach ordentlicher und pünktlicher. Ich selbst mag Unpünktlichkeit auch überhaupt nicht!« Aber um voneinander lernen zu können, muss man es natürlich auch wollen – und offen aufeinander zugehen.»Wenn bei uns im Bauhaus ein Mitarbeiter neu anfängt, bekommt der einen langjährigen Angestellten als Paten an die Seite gestellt. Der kann ihn dann in der Anfangszeit etwas führen und steht bei allen Fragen und Problemen hilfreich zur Seite. Ich fände so ein Patenprinzip für Einwanderer auch sehr sinnvoll. Dann gäbe es weniger Ghettobildung und Zusammenstöße könnten vermieden werden. Manchmal versteht nämlich nur jemand einen Gesichtsausdruck falsch oder stört sich an etwas, das jemand aus einer anderen Kultur gar nicht so wahrnimmt.«

Wie sinnvoll es sein kann, in der Sprache der jeweiligen Kultur zu sprechen, hat sie selbst einmal auf einem Elternabend erlebt.»Da ging es darum, ob die Kinder Sexualkundeunterricht haben sollten. Die türkischen Eltern waren zunächst alle dagegen, da habe ich der Lehrerin gesagt: ›Geben Sie mir fünfzehn Minuten!« Die habe ich bekommen und den Eltern erklärt, in welchen Situationen es für ihre Töchter sinnvoll ist, über Sexualität Bescheid zu wissen – und was ihnen im Gegenteil alles zustoßen kann, wenn sie nicht aufgeklärt werden.« Nach kurzer Diskussion stimmten die Eltern schließlich zu. »Das wäre noch ein Traum von mir, in einem Gebiet zu arbeiten, in dem ich den Mädchen mit Kopftuch zeigen könnte, was für ein Wert in ihnen steckt, was sie alles können. Denn ich bin fest davon überzeugt, wenn man einem Kind immer wieder erklärt, dass es großartig ist, dann wird auch etwas aus ihm!«

Ihre eigenen Eltern hätten nie an den Fähigkeiten ihrer Kinder gezweifelt, »sie haben mir immer das Gefühl gegeben, etwas ganz Besonderes zu sein«. Sich neuen Herausforderungen zu stellen, sei der Normalfall in ihrer Familie gewesen. »Meine Mutter chattet zum Beispiel gerne im Internet, sie hat so viele Bekannte in der Türkei und auch in Deutschland gefunden. Einmal hat ein Mann sie gefragt, warum ihr Nickname ›Superoma‹ sei, da hat sie geantwortet, sie sei achtundsechzig Jahre alt und eben Großmutter.« Der Mann glaubte ihr nicht, woraufhin Hüners Mutter ihre Internetkamera anmachte und dem Chatpartner zuwinkte. »Und der hat erst mal seine Frau geholt und mit der fassungslos auf den Bildschirm geschaut: ›Sieh mal: eine türkische Oma!‹« Also liegt es wohl in der Familie Hüner, Klischees zu brechen und schwierige Situationen zu meistern.

Iman Ibrahim

Lehrerin und IT-Fachfrau (Deurabika Consulting)

1973 wurde Iman Ibrahim in einer Großfamilie inmitten der jordanischen
Hauptstadt Amman geboren. »Wir waren acht Schwestern und fünf Brüder.
Dennoch konnte ich mein Abitur machen und anschließend studieren. Allerdings ist es bei uns häufig so, dass wir danach nicht in dem eigentlich
gelernten Beruf arbeiten. Deshalb habe ich erst mein Universitätsdiplom in
elektronischer Datenverarbeitung gemacht, war dann aber zehn Jahre lang
als Lehrerin tätig.« Obschon sie an einer internationalen Schule unterrichtete, kam Iman selbst nicht ins Ausland. »Mein Vater meinte, mit dem Reisen und Kennenlernen anderer Länder solle ich warten, bis ich verheiratet
sei.« Selbst mit dreißig Jahren war für sie eine Eheschließung noch nicht
dringend geplant, »aber dann stellte sich mein Mann bei uns vor. Er war
schon fünfzig, aber unverheiratet, weshalb alle ihn drängten, endlich eine
Familie zu gründen. Bei uns ist es normal, dass die Familie dann eine Frau
für den Mann sucht.«

Bereits fünfundzwanzig Töchter hatte der in Deutschland lebende Ingenieur so kennengelernt, »und geplant, am nächsten Tag wieder unverrichte-
ter Dinge mit seinem Wohnmobil Richtung Deutschland zu starten. Dann
war er bei uns, zunächst unterhielten sich die Männer in dem einen Zimmer
und die Frauen in dem anderen. Ich habe den Kaffee hereingebracht und
durfte allein mit ihm sprechen. Ich habe ihm mitgeteilt, dass ich nur heiraten und nach Deutschland kommen wolle, wenn ich mich dort weiter ausbilden lassen könne und Deutsch lernen würde. Zu Hause sitzen wollte ich
auf gar keinen Fall! Mein Mann sagte, genau so eine Frau habe er gesucht.«

Die Abreise wurde verschoben und stattdessen wurden weitere Fami-
lienbesuche abgehalten. »Beim zweiten Besuch brachte mein Mann mir

Blumen mit, was mir sehr gefallen hat, denn es ist in Jordanien nicht üblich, aber für mich war es ein Zeichen, dass er weiß, was Frauen wollen und was modern ist. Mein Vater war wegen des großen Altersunterschiedes zunächst gegen die Heirat, aber mein ältester Bruder meinte, ich sei doch alt genug, um selbst zu entscheiden. Wenn ich also zusagen wolle, könne ich ihn doch nehmen. Die Partie erschien mir nicht so schlecht, weil Frauen über dreißig in Jordanien meistens nur noch geschiedene oder verwitwete Männer mit Kindern bekommen, also keine eigene, neue Familie gründen können, sondern die bereits vorhandenen Kinder mit übernehmen müssen. Außerdem wollte ich wirklich gerne weg aus Jordanien!«

Unter dem Vorbehalt, sie solle sich dann aber zumindest nicht scheiden lassen, stimmten die Männer der Familie schließlich zu, »denn Scheidung senkt den Marktwert der anderen Mädchen einer Familie, weil die in den Ruf kommen, nur spielen und sich amüsieren zu wollen, aber kein wirkliches Interesse an einem Familienleben zu haben«. Beim dritten Besuch des künftigen Schwiegersohns verhandelte man über den Brautpreis, »es wurde abgemacht, wie viel Geld er für Kleidung und Schmuck ausgeben würde. Am nächsten Tag sind wir zusammen losgegangen und haben das Gold und ein rotes Kleid für die Verlobungsfeier gekauft.«

Sechs Monate dauerte die Zeit des Versprechens, dann wurde groß Hochzeit gefeiert, »und eine Woche später, am 14. Februar 2004 flogen wir nach Deutschland. Gleich am nächsten Tag war mir klar, dass ich sehr schnell Deutsch lernen musste! Ich hatte den Müll runtergebracht und stand nun mit dem Schlüssel an der Haustür, die leicht klemmte. Da kam eine Nachbarin und beschimpfte mich laut und lange – ich verstand sie nicht und konnte nichts erwidern! Als ich wieder oben in der Wohnung ankam, war ich immer noch ganz durcheinander und froh, dass mein Mann mich schon bei einem Kurs angemeldet hatte, der zwei Tage später begann.« Ohne Probleme ging der Schulstart indes nicht über die Bühne, »denn am zweiten Tag hat mein Mann mich alleine losgeschickt, nachdem er mir den Weg mit S- und U-Bahn beschrieben hatte. Ich habe mich trotzdem komplett verlaufen, bin drei Stunden lang in der Gegend herumgeirrt und wusste nachher nicht mehr, wo die U-Bahn, die Schule oder unsere Wohnung war! Ich ging in ein Café und gab der Bedienung die Visitenkarte meines Mannes, der mich dann abgeholte.« Der Wille, die Zähne zusammenzubeißen und möglichst schnell die Startschwierigkeiten zu überwinden, führte dazu, dass Ibrahim zweimal ins Krankenhaus eingeliefert wurde,»weil ich total überfordert und erschöpft war.«

Nach dem privat bezahlten Deutschkurs in der Volkshochschule ging es zu einem der gerade eingerichteten »Integrationskurse«. »Das war sehr gut, da wir viel über die deutsche Geschichte und das politische System gelernt haben. Es war anfangs jedoch sehr schwer, da wir in Jordanien eine Monarchie haben und ich gar nicht verstand, was Parteien sein sollen und wozu man sie braucht. Mein Mann, der schon seit dreißig Jahren hier lebt und eingebürgert ist, hat mir nach dem Unterricht weiter Nachhilfe gegeben. Was mir an dem Kurs nicht so gut gefiel, war die Geschwindigkeit: Jeden Tag fünf Stunden lang Grammatik zu pauken, führt dazu, dass nicht alles hängenbleibt. Für mich wäre es wahrscheinlich besser gewesen, über längere Zeit lernen zu können, aber dafür weniger Stunden am Tag in der Schule zu sein. Um sich in einem fremden Land richtig zurechtfinden zu können und die Sprache zu beherrschen, braucht man doch länger.«

Die im Integrationskurs vermittelten Deutschkenntnisse waren aber umfangreich genug, um anschließend EDV- und Managementkurse zu besuchen. »Ich kannte mich zwar mit Computern aus, wusste aber nicht, wie die Fachbegriffe auf Deutsch hießen. Als ich das gelernt hatte, habe ich mich zu einem einjährigen Existenzgründerkurs angemeldet, wo wir Buchführung, BWL, internationales Management und Ethno-Ökonomie gelernt haben. Anschließend habe ich begonnen, in der Firma meines Mannes zu arbeiten. Hier kümmere ich mich zurzeit besonders um die organisatorische Abwicklung unserer Existenzgründerseminare. Demnächst wollen wir einen Verein gründen und knüpfen dazu bereits jetzt Kontakte zu anderen Migrantenvereinen. Unsere Firma ›Deurabika‹ bietet zum einen Existenzgründerseminare an, zum anderen gehören auch interkulturelle Trainings für Unternehmer, die im arabischen Raum expandieren wollen, zum Programm. Besonders interessant war es für mich, deutschen Kursteilnehmern die arabische Sprache beizubringen.«

»Daneben engagieren wir uns auch kulturell und sozial. Gerade gründen wir zum Beispiel einen Verein, mit dem wir verschiedene Ziele erreichen wollen: Als Erstes wollen wir durch ein vielfältiges kulturelles Angebot die Menschen verschiedener Herkunft einander näherbringen. Wenn man die Kultur und die Sprache der anderen versteht, hat man die Brücke in die Welt geschlagen. Das heißt für uns als weiteres Ziel, Sprachkurse anzubieten und besonders arabische Frauen besser auf das soziale Leben in der deutschen Gesellschaft vorzubereiten. Schließlich gibt es immer noch viele arabischstämmige Familien hier in Deutschland, in denen Frauen von ihren Männern nicht die Genehmigung bekommen, die Landessprache zu lernen. Meinen Mann haben deshalb Bekannte damals gefragt, warum er seine Frau zur Schule schicke: ›Heute lernt sie Deutsch, morgen versteht sie alles und fordert ihre Rechte!‹ Zum Einkaufen in arabischen Läden oder im Supermarkt brauche man schließlich keine Sprachkenntnisse. Die Kenntnis der Sprache und Traditionen des Gastlandes sind aber die Basis für Integration und zugleich eine Möglichkeit, der Isolation zu entkommen. Wir wollen versuchen, solche Strukturen zu schaffen, dass wir die arabischen Frauen erreichen und ihnen bei der Integration helfen. Dazu habe ich gute Voraussetzungen, weil ich aus dem gleichen Kulturraum komme und diese Frauen dadurch besser erreiche. Männer und Deutsche finden dort oft keinen Zugang.«

Ibrahim selbst hat sich von der Geburt ihres ersten Sohnes im Herbst 2007 nicht von der Arbeit abhalten lassen, drei Tage nach der Entbindung war sie schon wieder im Büro. Neben Familie und Berufstätigkeit sieht sie sich auch religiös in der Pflicht. »Ich bete fünfmal am Tag und faste im Ramadan. Mein Mann macht das nicht. Aber ich bin so erzogen worden und sage immer, eine Strafe bekomme ich nur für das fehlende Kopftuch. Aber ich kann mich jetzt noch nicht entschließen, eines zu tragen, denn schließlich würde das den Verzicht auf sehr viele Dinge bedeuten: Wer Kopftuch trägt, darf zum Beispiel nicht schwimmen gehen, keine engen Hosen tragen und nicht tanzen. Viele Frauen bei uns fangen deshalb erst mit über fünfzig an, ein Kopftuch zu tragen, weil sie dann von diesen Vergnügungen Abschied nehmen können. Hier in Deutschland verstehen die meisten Muslime den Koran nicht und tragen zum Beispiel ein Kopftuch zu einem eng anliegenden Oberteil. Das ist eigentlich nicht möglich, aber ich habe aufgehört, mit diesen Frauen zu diskutieren. Sie sind als Jugendliche oder Kinder hierhergekommen oder hier geboren und haben nie, wie ich, in einem muslimischen Land gelebt und den Islam in der Schule erlernt. Hier wirft man mir aber vor, ich könne mich nicht zu meiner Religion äußern – weil ich kein Kopftuch trage und deshalb keine echte Muslimin sei. Aber bei uns sagt man, dass man sich erst bedecken soll, wenn aus einem selbst das wirkliche Bedürfnis dazu erwächst. Ich denke, dass viele Menschen in der Türkei und dem Iran Probleme haben, den Islam zu verstehen, weil sie auf Arabisch lesen und beten, aber gar kein Arabisch verstehen. Also fehlt ihnen der direkte Zugang zur Religion.«

Dafür, dass Aaraber und Deutsche besseren Zugang zueinander finden, setzt sich die 34-Jährige auch mit dem »Deurabika« angeschlossenen Kulturkeller ein. »Hier versuchen wir, durch die arabische Gastfreundschaft eine Offenheit gegenüber der reichen arabischen Kultur zu erreichen. Später sollen regelmäßige Veranstaltungen – Lesungen, Ausstellungen und Foren – unser Programm erweitern. Damit wollen wir zeigen, dass Arabien mehr ist als eine Mischung aus Wüstensand, Kamelen und den Märchen aus Tausendundeiner Nacht!«

Lamya Kaddor

Islamwissenschaftlerin

1976 kamen Lamya Kaddors Eltern aus Syrien nach Ahlen, Westfalen, zwei Jahre später wurde sie dort als drittes von vier Kindern geboren. »Mein Vater hat als Mechaniker gearbeitet, meine Mutter war Hausfrau. Beide haben immer größten Wert darauf gelegt, dass wir uns bilden und auch die arabische Sprache richtig lernen.« Schon mit drei Jahren konnte Kaddor so nicht nur kleinere Koransuren auswendig, sondern kam auch in den deutschen Kindergarten. »Deutsch war deshalb für mich immer meine Muttersprache, auch wenn wir mit den Eltern ausschließlich Arabisch gesprochen haben und mit meiner Mutter später jeden zweiten Nachmittag zu Hause saßen und arabische Texte abschreiben und lesen lernen mussten. Als Jugendliche hatte ich natürlich nicht sehr viel Lust dazu, später aber hat es mir bei meinem Studium der Islamwissenschaft sehr geholfen – ich konnte die Sprache ja schon und musste keine zusätzlichen Kurse machen.«

In der Grundschule wurde die Schülerin zunächst in den »muttersprachlichen Ergänzungsunterricht gesteckt. Da saß ich ausschließlich mit türkischstämmigen Kindern und sollte Türkisch sprechen. Es hat eine Weile gedauert, bis die Lehrer gemerkt haben, dass ich zwar ausländisch bzw. türkisch aussehe, aber nicht dahin gehöre.« Auch ein paar Jahre später auf dem Gymnasium erlebte sie manch wunderliche Fremdzuschreibungen. »Am Religionsunterricht durfte ich erst nicht teilnehmen, sondern wurde stattdessen in eine Deutsch-Förderklasse gesteckt. An meinem Deutsch war aber nichts mehr zu fördern, so dass ich schließlich doch im Religionsunterricht saß – allerdings nicht aktiv teilnehmen durfte. Ich sollte einfach nur hinten sitzen bleiben und mich irgendwie beschäftigen. Das habe ich damals hingenommen und nicht negativ bewertet. Ich dachte, das sei eben so.

Ich hatte jedenfalls in der Schule kein Fremdheitsgefühl, fühlte mich nie ausgegrenzt und grenzte mich auch selbst nie aus. Viele schotten sich selbst innerhalb ihrer Gruppe ab. Das ging bei mir schon aus praktischen Gründen nicht. Ich war die Einzige meiner Minderheit.« Außer einem Geschichtslehrer,»der den Islam durchnahm, mich aber zu dem Thema nie befragte und die Religion in keinem guten Licht erscheinen ließ, habe ich keine schlechten Erinnerungen an die Schulzeit«.

Inzwischen ist Kaddor dazu übergegangen, ihre Religion nicht mehr zu verteidigen, sondern zu erklären.»Meine Eltern hätten es gern gesehen, wenn ich etwas ›Richtiges‹ studiert hätte wie Medizin oder Pharmazie. Meine beiden älteren Geschwister hatten bereits mit Wirtschaftsjura und BWL begonnen, meine jüngere Schwester studierte später Mikrobiologie. Aber ich hatte einfach keine Lust auf ein gängiges Studienfach und habe mir eine damalige Exotenecke gesucht: Arabistik und Islamwissenschaft.« Zehn Studierende nahmen 1997 zusammen mit der damals 19-Jährigen das Fachstudium in Münster auf,»davon hatten es gerade zwei als Hauptfach belegt. Abgeschlossen haben es dann ein Drittel – der Rest ist zumeist an den Sprachprüfungen gescheitert.« Kaddor selbst schloss 2003 mit dem Magister ab und hatte bereits ein Jahr zuvor begonnen, das Centrum für Religiöse Studien (CRS) mit aufzubauen.»Nach dem 11. September 2001 sind die Einschreibzahlen für Islamwissenschaften schnell in die Höhe geschnellt, wir hatten auf einmal neunzig Erstsemester. Seit drei Jahren gibt es nun die Möglichkeit, sich in Münster zum islamischen Theologen ausbilden zu lassen. Dies ist damit die erste Ausbildungsmöglichkeit für Imame in Deutschland überhaupt.« Auch das CRS entstand im Zuge des neuen Interesses am Islam.»Ich war studentische Hilfskraft und wurde von Professor Bauer, dem Direktor des Instituts für Arabistik und Islamwissenschaft, gefragt, ob ich ihm beim Aufbau der neuen Institution zur Hand gehen wolle. 2004 bekamen wir dann einen Lehrstuhl für Religion des Islams, den Professor Kalisch übernahm. Am CRS unterrichte ich heute Religionspädagogik und Theologie.«

Praktische Unterrichtserfahrung konnte die mittlerweile 29-Jährige inzwischen an der Hauptschule Glückauf in Dinslaken-Lohberg sammeln.

Drei Jahre unterrichtete sie dort vor allem türkischstämmige Jugendliche im Zuge des Unterrichtsversuches »Islamkunde in deutscher Sprache«. Außerdem ist Kaddor Mitbegründerin und Vorsitzende des »Vereins der Lehrerinnen und Lehrer für Islamkunde an öffentlichen Schulen in NRW«. »Ich kann mich noch gut daran erinnern, wie ich sechs Wochen nach meinem Studienabschluss erstmals vor einer Klasse stand und die einführende Lehrerin sagte: ›Achtet mal darauf, liebe Kinder, wie gut die Frau Kaddor Deutsch sprechen kann!‹ Ich bin fast umgekippt und konnte gar nicht glauben, was die Frau da eben gesagt hatte – und dabei legte sie auch noch den Arm um mich!« Inzwischen gibt Kaddor ein Schulbuch für den Islamunterricht heraus, »bislang gibt es keines, wie überhaupt das ganze Fach der islamischen Religionspädagogik vollkommen neu ist«. Vielleicht wird Kaddor im kommenden Jahr in diesem Bereich auf eine ordentliche Professur berufen, auf jeden Fall hat sie derzeit die Vertretungsprofessur inne. »2007 sind Gelder für eine solche Professur bewilligt worden. Noch fehlen mir aber die formalen Voraussetzungen, ich habe meine Promotion noch nicht abgeschlossen.«

Die Idee für ihr Dissertationsthema kam ihr beim Salatschneiden in der Küche ihrer Mutter. »Da habe ich mir in den Finger geschnitten, den dann zum Mund geführt und anschließend in das entgeisterte Gesicht meiner Mutter geblickt. Sie fragte, warum ich das tue, Blut sei unrein.« Welche Rolle Blut von der Menstruation bis zum Märtyrer im Islam spielt, untersucht die Doktorandin jetzt eingehend. Daneben beschäftigt sich Kaddor mit der Rolle und Zuschreibung des Islams in Deutschland. »Der Islam gilt seit dem 11. September vielfach als Integrationshindernis. Meiner Meinung nach ist das nicht so, das wirkliche Hindernis ist der Mangel an Bildung. Obwohl die Religion des Islams ausdrücklich zur Bildung aufruft. Daran, dass Bildung unter Muslimen einen höheren Stellenwert bekommt, müssen wir arbeiten.«

Im Übrigen sei es Sache der Mehrheitsgesellschaft, Integrationsangebote zu machen. »Viele muslimische Jugendliche fühlen sich in Deutschland nicht zu Hause. In der Türkei fühlen sie sich aber auch nicht zu Hause. Man muss ihnen hier mehr Möglichkeiten bieten. Wenn ich zum Beispiel sehe, dass achtzig Prozent meiner Schüler nach dem Abschluss arbeitslos werden, denke ich, dass da etwas nicht stimmen kann und dass auch der Gesamtgesellschaft ein großes Potential verlorengeht. Es bedarf also besserer Partizipationschancen am Arbeitsmarkt, aber auch einer Anerkennung des Islams als Religionsgemeinschaft. Letzterem stehen bis dato natürlich viele Probleme entgegen, zum Beispiel in Form der derzeitigen Vereinsstrukturen. Aber Probleme sind dazu da, gelöst zu werden.« Insgesamt müsse von der Politik etwas geduldiger geplant werden, »man kann nicht von heute auf morgen erwarten, dass sich der Islam und die Organisationen reformieren und künstlich Strukturen schaffen, die nicht vorgesehen sind«.

Kaddor selbst hat sich an eine kindgerechte Übersetzung des Korans gesetzt. »Im März wird der ›Koran für Kinder und Eltern‹ erscheinen. Da habe ich zusammen mit einer Kollegin dreizehn Themen des Korans in eine kindgerechte Sprache übersetzt. Ich weiß, dass viele meiner Schüler den Koran in seinen bisherigen Übersetzungen gar nicht verstehen, da sie in einer zu schwierigen, überholten Sprache verfasst sind. Mit der neuen Fassung sollen sich Kinder und Laien den Koran erschließen können. Somit ist dieser Eltern-Kinder-Koran der erste seiner Art in Deutschland.«

Auch der nichtmuslimischen Bevölkerungsmehrheit versucht die 29-Jährige ihre Auslegung des Islams nahezubringen. So gehört sie zu den zehn Sprecherinnen des »Forum am Freitag«, das im Juli 2007 im ZDF-Internetportal startete. »Ich war die erste Sprecherin und fand es sehr positiv, dass das ZDF mit einer Frau begonnen hat.« Kaddors Auslegungen des Islams zum Bespiel zum Thema Kopftuch führten zu E-Mails, in denen sie ihre Position vertreten musste. »Das Kopftuch ist vor mehr als tausend Jahren den Frauen als Schutz anempfohlen worden. Für mich ist allerdings fraglich, ob es diese Funktion in der Gesellschaft des heutigen Deutschlands noch erfüllen kann oder muss. Einige der muslimischen Brüder schickten mir nach der Sendung E-Mails, dass ich doch bitte das Kopftuch tragen solle, damit ich nicht in die Hölle komme. Von ethnisch Deutschen bekam ich Zuschriften mit dem Hinweis, ich solle mein ›Unwesen‹ doch lieber woanders treiben, hier brauche man mich nicht. Insgesamt sind die Sendungen – auch von den Medien – aber sehr gut aufgenommen worden.«

Ihre Religion hält die mit einem deutschen Konvertiten verheiratete, liberale Gläubige somit nicht für ein Integrationshindernis. »Man kann den Islam sehr streng, aber auch moderat ausleben. Ich lebe sehr gern und bewusst in Deutschland und habe durch meine Herkunft die Chance, das jeweils Beste aus zwei Kulturen für mich zu vereinen.«

Prof. Dr. Yasemin Karakasoglu

Professorin für Interkulturelle Bildung

1965 wurde Yasemin Karakasoglu in Wilhelmshaven geboren. »Mein Vater war aus der Türkei zum Studium nach Deutschland gekommen, meine Mutter war Hochschulsekretärin. Mit der Aussicht auf eine deutsche Schwiegertochter war mein Großvater jedoch überhaupt nicht einverstanden und hätte meinem Vater sein Studium sicher nicht weiterbezahlt. Also haben meine Eltern fünf Jahre lang ohne Trauschein zusammengelebt. Ich bin im ersten Jahr dieser Beziehung geboren, in der Türkei wusste jedoch niemand von mir.« Das änderte sich erst, als innerhalb kürzester Zeit zunächst Karakasoglus Großmutter verstarb und anschließend ihre Mutter schwer an Krebs erkrankte. »Meine Eltern haben dann schnell geheiratet, weil nicht sicher war, ob meine Mutter überleben würde. Mich hat diese Erfahrung sehr kämpferisch gemacht; denn ich habe die Endlichkeit des Lebens immer vor Augen und kapituliere deshalb nicht einfach vor Problemen.«

1972 ging die Familie zurück in die Türkei, da der Vater dort seinen Militärdienst absolvieren musste. »Wir zogen in das Haus meines Großvaters, der mit meiner Mutter sehr schnell Frieden schloss und sie hoch achtete. Ich selbst war dort die kleine Prinzessin, das einzige Mädchen in dem Alter und zudem noch in der Sonderstellung als ›Deutsche‹. Ich bekam von allen Seiten Liebe und sehr viel Zuneigung.« Auch das wirtschaftliche Umfeld mit Chauffeur und Hausmädchen bot einiges, so dass der nach einundhalb Jahren anstehende Umzug nach Wilhelmshaven »einen interessanten Wechsel der Lebensverhältnisse mit sich brachte. Mein Vater war einfacher Soldat im Stab der Türkei bei der NATO in Brüssel; meine Mutter bekam nur eine bescheidene Schwerbehindertenrente. Also lebten wir zusammen in einer kleinen Zweizimmerwohnung.« Auch in den nächsten Jahren folgten immer wieder Umzüge, bis die Familie 1980 schließlich in Achim in der Nähe von Bremen blieb, wo Karakasoglu das Abitur machte, um anschließend in Hamburg und Ankara mit dem Studium der Turkologie, Politikwissenschaft und Germanistik zu beginnen.

»In Hamburg habe ich meinen ersten Mann kennengelernt, der auch türkischstämmig war. Zusammen haben wir türkischen Folk Pop selbst arrangiert und sind mit einer Band aufgetreten. Ich war die Leadsängerin.« Neben der Musik jobbte die Studentin auch als Übersetzerin, Museumsführerin und gab deutsche Alphabetisierungskurse. »Meine Nebenjobs haben mir den Übergang zur Pädagogik später erleichtert. Dieser informelle Weg war sehr hilfreich – denn studiert hatte ich Pädagogik ja nie.« Nach dem Magister ging es 1991 aber zunächst ans Zentrum für Türkeistudien nach Essen. »Ich habe dort eine neue Linie aufgebaut, die sich mit dem türkisch geprägten Islam in Deutschland beschäftigt. Das war zur Zeit meines Starts dort noch gar kein Thema, inzwischen ist es einer der Schwerpunkte des Zentrums.« Die Einbeziehung der Islamwissenschaften in die Forschungsarbeit brachte Karakasoglu nicht nur ein großes Netzwerk und gute Kontakte zur Presse, »ich habe dort auch lernen können, wie ich meine Forschungsergebnisse gut an politisch verantwortliche Stellen weitervermitteln kann«.

Zur eigenen Forschungsarbeit blieb allerdings wenig Zeit. »Wir haben Tag und Nacht gearbeitet, was zwar zu Frustrationstoleranz gegenüber Schlafmangel führte und wissenschaftlichen Biss förderte – aber dadurch blieb wirklich keine Zeit mehr für das Abfassen einer Promotion. Im Beirat unseres Instituts saß eine Professorin für interkulturelle Pädagogik, die mir eine Assistentenstelle anbot. Dafür müsse ich auf die pädagogische Richtung umschwenken. Ich nahm die Möglichkeit gerne an und ging 1996 zu Frau Professor Boos-Nönning.« In den kommenden Jahren schrieb Karakasoglu unter anderem ihre Promotion über türkische Musliminnen, die auf Lehramt studierten. »Mit der Arbeit habe ich wohl den Nerv der Zeit getroffen. 2000 bekam ich so den Augsburger Wissenschaftspreis für Interkulturelle Studien verliehen, drei Jahre später wurde ich Gutachterin für das Bundesverfassungsgericht.« Selbiges hatte über den Fall der afghanischstämmigen Lehrerin Ludin zu entscheiden, die mit Kopftuch unterrichten wollte.

In ihrer »Stellungnahme zu den Motiven von jungen Musliminnen in Deutschland für das Anlegen des Kopftuches« empfahl die Wissenschaftlerin eine Einzelfallprüfung:

»Auch wenn mit dem Kopftuch der Stellenwert von religiöser Orientierung im eigenen Lebensentwurf in der Öffentlichkeit dokumentiert werden soll, so ist damit keinesfalls die Ablehnung eines säkularen Gesellschaftssystems verbunden. ›Erwerb von Bildung‹, ›außerhäusige Berufstätigkeit‹, ›weibliche Selbstverwirklichung‹ werden von dieser Gruppe als islamische Werte definiert oder zumindest als kompatibel mit den ›wahren islamischen Grundlagen‹ bewertet, die den Eltern oftmals mangels entsprechender Bildung verschlossen geblieben seien. Im Kopftuch bzw. der ›islamischen Kleidung‹ sehen die Trägerinnen einen unverzichtbaren Bestandteil ihrer als modern begriffenen, neuen weiblichen, islamischen Identität. Vor diesem Hintergrund wird die Aufforderung, auf das Kopftuch zu verzichten, als unzumutbare Zurücknahme des bewussten Bekenntnisses zu einem Element empfunden, in dem sich das ›Eigene‹ nach außen zu manifestieren scheint.

Vor dem Hintergrund eigener und der Erkenntnisse anderer Wissenschaftler und Wissenschaftlerinnen, die hier skizziert wurden, plädiere ich für eine Betrachtung des konkreten Einzelfalls. Weder kann pauschal davon ausgegangen werden, dass Kopftuchträgerinnen grundsätzlich antidemokratische Ideale vertreten, noch kann grundsätzlich das Gegenteil unterstellt werden. Dies gilt jedoch auch für Lehramtsanwärterinnen ohne Kopftuch muslimischer und nichtmuslimischer Religion.

Maßstab (für die Beurteilung der Lehrfähigkeit) muss die Handlungsfähigkeit und die Erfüllung der Amtspflichten vor dem Hintergrund eines Bekenntnisses zu den Inhalten des Grundgesetzes sein, nicht eine Übereinstimmung mit einem nicht näher bestimmbaren

Common Sense im äußeren Erscheinungsbild. Hier plädiere ich für einen unaufgeregten Umgang mit unterschiedlichen Lebensstilen und Kleidungsformen in der Schule, die eben nicht nur im Hinblick auf die Zusammensetzung der Schülerschaft immer multikultureller wird.«

Für Karakasoglus beruflichen Werdegang war die Thematik ihrer Promotion ein Glücksgriff. »Ich habe anschließend noch an einer Studie für das Bundesfamilienministerium gearbeitet, in der 950 Mädchen mit Migrationshintergrund zu ihrem Leben und ihren Einstellungen befragt wurden. Das Ergebnis ›Viele Welten leben‹ und meine Promotion waren die Grundlage für meine Bewerbungsgespräche an Universitäten.« 2004 wurde die Wissenschaftlerin schließlich als Professorin für »Interkulturelle Bildung« am Fachbereich Bildungs- und Erziehungswissenschaften an die Universität Bremen berufen. Über mangelnden Zuspruch kann sie sich seither nicht beklagen, »die Kombination aus Professorentitel, Frau, Migrantin und Muslimin wird viel nachgefragt. Man sucht ja jetzt nach Migranten, die diese Themen auch selbst vertreten, die selbst mit streiten.«

Gute Ansätze für die Entwicklung des Migrationslandes sieht Karakasoglu bereits. »Migranten sollten als nicht mehr wegzudenkender Teil der Gesellschaft gesehen werden, als Bereicherung – und ohne Hierarchisierung nach Herkunft. In der Reform des Staatsbürgerschaftsrechtes zeigen sich erste Fortschritte; inzwischen gilt nicht mehr nur das Blut, sondern auch der Boden als Grundlage der Zugehörigkeit, so dass auch Migrantenkinder von vorneherein aufgenommen werden. Und während früher immer nur die Rede von einer möglichen Rückkehr war, sieht man jetzt auch den Gewinn, der durch Migration entsteht, und diskutiert über Ressourcen, die Zuwanderer benötigen, um fruchtbare Mitglieder der Gesellschaft zu werden.«

Die 42-Jährige selbst sieht sich als Brücke zwischen den Kulturen. »Ich habe gesehen, wie sich meine Mutter damals in der Türkei schnell integriert hat, die Sprache lernte und sich sozial engagierte. Sie hat sich aber nicht assimiliert und ist zum Beispiel nicht zum Islam übergetreten.« Karakasoglu hält diesen Weg der Vereinigung verschiedener Kulturen für den gangbarsten. »Ich habe selbst Migration und Diskriminierungen erlebt. Als Schulkind habe ich deshalb oft versucht, mich nicht als Halbtürkin erkenntlich zu machen. Ich versuchte, mich ganz stark von dem gängigen Bild der ›Gastarbeiter‹, die bei uns in Bremerhaven in den Fischfabriken arbeiteten, abzugrenzen. Heute würde ich das für elitäres Gehabe halten, damals empfand ich es als notwendig, da alles Türkische mit einem Makel behaftet schien.«

Gängige Klischees bricht die Professorin allerdings noch heute gern. »Mein Mann stammt aus der Türkei und ist wegen mir nach Deutschland gekommen. Er kümmert sich um unsere beiden kleinen Kinder, während ich arbeiten gehe. Von Deutschen höre ich oft, das sei ›aber toll, dass Ihr Mann das macht – und das als Türke!‹ Dabei sind in der Türkei, zumindest in den gebildeten Schichten, die Geschlechterrollen nicht so stark getrennt wie in Deutschland, und ich kenne in meinem türkischen Umfeld viele Paare, bei denen die Frau das Geld verdient und der Mann sich um die Kinder kümmert.«

Müge Kiraz

Bauingenieurin
(EKCON Management Consultants)

1968 wurde Müge Kiraz in Ankara geboren, neun Jahre später beschlossen ihre Eltern nach Berlin zu gehen. »Begeistert war ich natürlich nicht davon, schließlich hatte ich meinen Freundeskreis und meine vertraute Umgebung in der Türkei. Aber als Kind kann man bei solchen Entscheidungen natürlich nicht mitreden.« Kiraz Eltern konnten in der damals noch geteilten Stadt als Konsulatslehrer anfangen und planten, vier Jahre in Deutschland zu bleiben. »Im Anschluss eröffnete sich ihnen aber die Chance, von der Stadt Berlin als Lehrer übernommen zu werden, so dass sie bis heute hier unterrichten.«

Den Start in der neuen Stadt bewältigte die damals 9-Jährige relativ gut, »schließlich waren meine Eltern ja beide Akademiker und achteten darauf, dass wir alle schnell Deutsch lernten.« Kiraz wurde sofort zu Sprachkursen angemeldet, kam dann in eine deutsche Grundschule und später aufs Gymnasium. »Ich bin gut aufgenommen worden, der Freundeskreis stimmte und nach einem Jahr hatte ich mich eingelebt.« An Schwierigkeiten als Migrantin kann sich die heute 39-Jährie nicht erinnern, »wir lebten außerdem in Bezirken mit einem sehr geringen Ausländeranteil, was für die schnelle Eingewöhnung und die Aufnahme durch die anderen Kinder sicher gut war.«

Nach der Mittleren Reife verließ Kiraz jedoch zunächst die Schule, »denn ich wollte genau wissen, was ich studieren will und habe deshalb erstmal eine Ausbildung zur technischen Zeichnerin gemacht. Danach war mir klar, dass ich wirklich in diese Richtung gehen wollte – sehr zur Freude meines Vaters, der Mathe und Physik Lehrer ist. Also habe ich das Fachabitur in

Metalltechnik gemacht, einer reinen Männerdomäne. Außer mir war nur eine andere Frau auf der Schule, was mich aber nicht sonderlich gestört hat. Schließlich wollte ich meinen Weg gehen, wie dabei die Zusammensetzung war, schien mir unwichtig.«

Nach dem Fachabitur ging Kiraz auf die technische Fachhochschule, wo sie Bauingenieurswesen studierte, und anschließend arbeitete sie als Ingenieurin im Hochbau. »Ich habe Statiken aufgestellt, Tragwerksplanungen gemacht und Konstruktionen errechnet. Ende der Neunzigerjahre ging es dann mit dem Bauwesen bergab, viele Menschen wurden entlassen. Auch ich verlor meinen Posten. Inzwischen ist sogar das ganze Unternehmen pleite.«

So war die Ingenieurin 1998 auf einmal arbeitslos und überlegte sich, ob es eine Möglichkeit gäbe, in der Türkei zu arbeiten, »schließlich spreche ich einwandfrei Türkisch und Gebäude werden hier wie dort nach derselben Statik gebaut«. Also flog Kiraz nach Istanbul, stellte sich vor und erfuhr dann auf dem Heimflug Richtung Berlin, wie sich Lebensplanungen von einer Sekunde auf die andere verändern können: »Der Steward kam zu mir und sagte, ich solle aufstehen, weil ich auf dem falschen Platz säße.« Den Sitz hatte ein deutsch-türkischer Unternehmensberater gebucht, »in den ich mich auf den ersten Blick verliebt habe! Er selbst hat noch ein bisschen gebraucht, um festzustellen, wie gut wir zusammenpassen – aber zwei Jahre später haben wir geheiratet.«

Seither arbeitet die Ingenieurin in der Firma ihres Mannes, »EKCON Management Consultants«. »Wir beraten Firmen, die aus der Türkei nach Deutschland kommen wollen und hier größere Niederlassungen planen. Für die suchen wir dann passende Objekte, beraten sie aber auch im deutschen Wirtschaftsrecht und den hiesigen Geschäftsgepflogenheiten. Genauso betreuen wir aber auch deutsche Firmen, die in die Türkei expandieren wollen.« Ein weiterer wichtiger Zweig für Berlin sei das »Ethno-Marketing, wo Konzepte direkt für Migrantengruppen erarbeitet werden. Schließlich leben in Deutschland 2,8 Millionen türkische und über zwei Millionen russische Konsumenten, die oft äußerst markenaffin sind. Wer ihre Sprache und ihr Kaufverhalten kennt, kann sie auch erreichen.« Genau

die Sprache dieser Zielgruppe zu treffen sei wichtig, »mit reinen Übersetzungen ist es da nicht getan, man muss auch die kulturellen Unterschiede
und marktspezifischen Rahmenbedingungen kennen«. Das »Diversity-Mar-
keting« des Unternehmens wirbt also mit seiner internationalen Aufstel-
lung, denn »jede Zielgruppe denkt, sieht und fühlt anders. Wir sehen mit
den gleichen Augen, denken mit dem gleichen Verstand und fühlen mit
dem gleichen Herzen. Deutsche Unternehmen können sich unsere Zielgrup-
penkompetenz zunutze machen.«

Neben EKCON hat Kiraz' Mann 2006 auch den Verein »berlin-istanbul-
network« gegründet, der sich für die wirtschaftliche, wissenschaftliche, kulturelle und gesellschaftliche Zusammenarbeit der beiden Partnerstädte ein-
setzt. Das Netzwerk will »die beiden Metropolen mit ihrem beachtlichen
Potential in Wirtschaft, Kultur und Gesellschaft näher vernetzen, zum Abbau von Vorurteilen und Intoleranz zwischen den Kulturen beitragen sowie
die Integration von Bürgerinnen und Bürgern mit Migrationshintergrund
fördern«. Interessanterweise engagiert sich die 39-Jährige selbst nicht in
diesem Verein. »Migrationsthemen haben mich noch nie wirklich interessiert. Ich war immer schon in einem sehr multikulturellen Ambiente zu
Hause, in dem es überhaupt gar keine Rolle spielt, ob ich nun Türkin bin
oder nicht. Zu meinen Freunden gehören Japaner, Koreaner oder Europäer.
Von morgens bis abends bin ich in einem internationalen Umfeld und sehe
die üblichen Probleme von Migranten gar nicht, sondern habe ganz andere
Themen. Für mich zählt mein Beruf, meine Familie und mein Zuhause.«

Ihre beiden drei und fünf Jahre alten Kinder bringt Kiraz auf eine internationale Schule, die Jüngere in den Kindergarten und die Ältere geht schon
in die Vorschule. »Ich möchte, dass sie später die Chance haben, zum Beispiel in den USA oder Italien zu arbeiten und nicht darauf angewiesen sind,
hierzubleiben. Ich denke, dass staatliche Schulen allein die Kinder nicht
ausreichend fördern können, die Eltern sollten zusätzlich auf die Stärken
der Kinder achten und diese dann gezielt fördern und unterstützen. Ich
meine deshalb, dass Eltern besser informiert werden müssten, wie sie ihre
Kinder richtig fördern können.« Ihre eigenen Eltern hätten nicht zuletzt
auch Wert darauf gelegt, »dass wir unsere Beziehung zur türkischen Kultur

nicht verlieren. Man muss einem Kind das Gefühl geben, dass seine Sprache und Kultur wichtig ist. Dann kann es beim Lernen von anderen Sprachen und Kulturen gut darauf aufbauen. Wir Türken sind inzwischen vierzig Jahre da, wir müssen uns aber auch integrieren.« Wobei die Ingenieurin gerade mit diesem Begriff ein Problem hat, »denn was heißt denn eigentlich ›integrieren‹? Ich bin doch Deutsche!«

Ihren eigenen Lebensabend kann sich Kiraz jedoch auch sehr gut außerhalb Deutschlands vorstellen. »Ich war nun so lange hier und möchte gern mal woanders leben. Und so ab Ende fünfzig zum Beispiel in der Karibik schön am Strand in der Wärme zu sitzen, wäre doch nicht schlecht!«

Sanem Kleff

Projektleiterin »Schule ohne Rassismus – Schule mit Courage«

Schon mit fünf Jahren kam Sanem Kleff das erste Mal nach Deutschland. »Mein Vater war Arzt und wollte in Deutschland seinen Facharzt zum Chirurgen machen.« Also zog die Familie 1960 nach Bremen, wo die älteste von drei Töchtern in den Schulkindergarten kam. Anschließend ging es in die Eifel, von dort nach Hamburg und schließlich nach Krefeld. »Mein Vater suchte sich immer Krankenhäuser, in denen er sich noch weiter ausbilden konnte, die Familie zog so seiner Arbeit hinterher.« Schließlich hatte sich der Arzt 1970 in allen chirurgischen Bereichen von der Unfall- bis zur speziellen Lungenchirurgie Knowhow angeeignet, so dass es, wie geplant, zurück in die Türkei ging. »Dort habe ich mein Abitur gemacht und deutsche Sprache, Literatur und Pädagogik studiert.« Anschließend arbeitete Kleff als Simultandolmetscherin, Übersetzerin und gab Deutschunterricht.

Im September 1980 bekam sie eine Einladung zu einem internationalen Kongress in Berlin. Die für fünf Tage angesetzte Reise verlängerte sich dann jedoch überraschenderweise. »Am Tag meiner Abreise kam es zum Militärputsch in der Türkei. Als ich zu Hause anrief, sagte man mir, meine Kurse seien derzeit geschlossen, ich könne nicht arbeiten und solle deshalb ruhig einfach noch ein bisschen Urlaub in Berlin machen.« Sie hatte nichts dagegen, schließlich »gefiel mir Berlin sehr gut. Es war die Zeit der Hausbesetzungen, es gab eine große linke Szene, aber auch schöne Parks und nicht zuletzt viele Kinos, die spätabends noch Vorstellungen zeigten. Berlin ist bis heute in dieser Größe die menschenfreundlichste Stadt, die ich kenne!« Kleff war viel unterwegs und lernte auf ihrer verlängerten Dienstreise diverse Menschen kennen. »Einer fragte mich, warum ich nicht hier bliebe und als Deutschlehrerin arbeitete.« Die junge Germanistin fand den Vorschlag zunächst etwas abwegig, wieso sollte sie als Türkin Deutschen Deutsch beibringen? »Dann hat man mir erklärt, dass es um etwas ganz anderes ginge – man brauchte dringend Lehrer, die nachgeholte ›Gastarbeiterkinder‹ unterrichten konnten.« Gerade hatte der sogenannte »Lummer-Erlass« dafür gesorgt, dass Kinder über sechzehn Jahren von hier lebenden Ausländern ein Visum brauchten, um nach Deutschland zu kommen. »Also haben alle, bevor es zu spät war, noch schnell ihre Kinder ins Land geholt – und die unterlagen der Schulpflicht.«

Die Germanistin überlegte nicht lange und bewarb sich spontan an einer Schule in Berlin-Tempelhof, »und zu meiner großen Überraschung bekam ich drei Wochen später ein Angebot. Zum Glück begannen gerade die Herbstferien, so dass ich zumindest ein paar Tage Zeit hatte, um mich auf die Situation einzustellen.« Der Einstieg in die neue Arbeitsstelle war dann trotzdem »schockierend. Ich war für einen sogenannten Eingliederungslehrgang zuständig. Da saßen Kinder, die mit unter sechzehn Jahren nach Deutschland eingewandert waren und noch der Schulpflicht unterlagen, von denen aber hier keiner erwartete, dass sie zehn Klassen schaffen würden. Also wurden sie beschult, ohne Aussicht auf ein Zeugnis, einen Abschluss und eine Perspektive zu haben. Es waren faktisch ›Ausgliederungslehrgänge‹.« Die Lehrerin, die selbst zehn Jahre zuvor mit guten Erinnerungen an Deutschland in die Türkei zurückgekehrt war, hätte sich »nicht vorstellen können, dass man in Deutschland so mit Menschen umgeht. Ich empfand diesen Zustand als große Ungerechtigkeit.« Die von ihr zu unterrichtenden Jugendlichen kamen alle aus einfachen Familien, die nicht verstanden, in welche Klassen ihre Kinder da gesteckt worden waren, »die waren gar nicht in der Lage, zu protestieren und sich zu wehren«.

Also begann Kleff, sich selbst gegen dieses System zu wehren, und suchte sich Mitstreiter. »Ich hatte gleich Kontakt zur GEW aufgenommen. Bei der Gewerkschaft fand ich Menschen, die das Thema ähnlich sahen wie ich und auch etwas verändern wollten.« Durch ihre politische Arbeit lernte sie auch ihren Mann kennen, einen deutschen Politologen und Stadtplaner, mit dem die Germanistin einen Sohn hat.

Die Auseinandersetzung mit Migration war für die Gewerkschaften damals kein sonderlich populäres Thema,»man redete viel über die politische Situation und die Probleme in den Herkunftsländern. Die ausgegrenzten Kinder an den eigenen Schulen waren weniger im Gespräch.« Da die Lehrerin jedoch beschlossen hatte, sich mehr mit den Schwierigkeiten in ihrem eigenen Umfeld zu beschäftigen, begann sie, Daten und Informationen zur Situation der Zuwanderer in der Schule zu sammeln, kontaktierte Kollegen und organisierte Treffen.»Mein Ziel war dabei immer, die Eingliederungslehrgänge abzuschaffen.« Doch zunächst wurde ihr Lehrgang an eine andere Hauptschule verlegt, und»dort gab es viele eigenartige Klassenformen nebeneinander«. Da gab es zum einen die »Vorbereitungsklassen« für Aussiedler, die zum damaligen Zeitpunkt noch fast ausschließlich aus Polen stammten; sie hatten den deutschen Pass, aber keine Deutschkenntnisse. Zum anderen waren da die»Ausländerregelklassen« für Kinder ohne deutschen Pass, aber mit Deutschkenntnissen, und schließlich die»Eingliederungsklassen« für Kinder ohne deutschen Pass und Sprachkenntnisse.»Für die Deutschen mit deutschen Sprachkenntnissen gab es dann noch die Regelklassen – das war absurd!«

Kleffs eigene Schüler stammten aus diversen Ländern,»ich hatte da etwa zwanzig Kinder aus fünfzehn Staaten sitzen.« Der Vorteil dieser Mischung habe darin bestanden, dass alle schnell Deutsch lernten, um sich untereinander verständigen zu können.»Deshalb kamen auch oft welche aus der Aussiedlerklasse zu mir rüber und wollten mitmachen. Schließlich wollten die auch gerne Deutsch lernen, sprachen unter sich aber immer nur Polnisch.« Die Germanistin beschloss, ihre»Wut in Handeln umzusetzen«, und beschäftigte sich intensiv mit Didaktik und gab Seminare am Lehrerbildungsinstitut in Berlin.»Ich entwickelte ein Konzept, durch das Seiteneinsteiger besser ins deutsche Schulsystem integriert werden sollten. Mein Ziel war, dass jedes neu einwandernde Kind nach fachlichen und pädagogischen Kriterien integriert würde und jeder Schüler nach seinen Fähigkeit optimal gefördert werden könnte.« Heraus kam das»C, B, A-Modell«, bei dem alle Kinder zunächst nach Sprachstand und Vorbildung eingestuft werden. Nachdem sie es in der A-Gruppe geschafft haben, folgt der

Schritt in die Regelklasse. »Sinn des Modells ist es, sie in die Regelklasse hineinzugeleiten.«

Zunächst probierte Kleff ihr neues Konzept unter der Hand mit einigen Kolleginnen aus, nachdem es gut funktionierte, wandte sie sich an den Schulleiter. Nicht nur der Direktor, sondern auch die Schulverwaltung waren der Idee gegenüber aufgeschlossen, so dass »das Modell inzwischen sogar ins Schulgesetz aufgenommen wurde und heute noch an meiner alten Schule angewandt wird«. Vor allem aber wurden die Eingliederungslehrgänge in Berlin abgeschafft, »was zum Teil sicher auch an meiner Arbeit lag und der größte Erfolg meines bisherigen politischen Schaffens ist«.

Im Laufe der Jahre beanspruchte die Gewerkschaftsarbeit immer mehr Zeit im Leben der Lehrerin, »ich wurde in den Hauptvorstand der GEW gewählt und übernahm die Leitung des Bundesausschusses für Multikulturelle Angelegenheiten«. Bis 2005 machte Kleff auf Bundesebene Gewerkschaftsarbeit und war nebenbei in der Lehrerfortbildung tätig. Zu ihrem Schwerpunkt entwickelte sich dabei die Beschäftigung mit Rassismus, Rechtsextremismus, Antisemitismus und Islamismus. Im Jahr 2000 kam zusätzlich »die ›Aktion Courage‹ auf mich zu. Es gäbe ein Projekt, ›Schule ohne Rassismus‹, das seit einem Jahr brachläge, weil der ehemalige Leiter ausgeschieden sei. Ich wurde gefragt, ob ich das nicht übernehmen wolle.«

Kleff sagte zu und dachte, sie würde ungefähr ein halbes Jahr brauchen, um grundsätzliche Dinge wie Organisation und Strukturierung des Projektes zu regeln. Doch wieder kam alles anders. »Als ich gerade angefangen hatte, bekam das Projekt im Mai 2001 die ›Buber-Rosenzweig-Medaille‹ der Gesellschaft für christlich-jüdische Zusammenarbeit. Es war das erste Mal, dass eine Organisation diese Auszeichnung erhielt, die vorher an Menschen wie Joschka Fischer verliehen worden war. Der Festakt wird immer live im ZDF übertragen, und ich wusste gleich, dass nun eine Lawine auf mich zurollt.« Unzählige Anrufe und Anfragen erreichten die neue Projektleiterin, die allerdings bislang weder ein Büro noch Mitarbeiter noch eine wirkliche Projektstruktur hatte. »Damals bin ich an die Grenzen gegangen und habe sieben Tage die Woche bis spät in die Nacht gearbeitet. Mit diesem Start in die neue Tätigkeit hatte ich bei meiner Zusage nicht gerechnet!«

Seit zwei Jahren unterrichtet Kleff nicht mehr, ist aus allen gewerkschaftlichen Funktionen ausgeschieden und leitet ausschließlich das Projekt »Schule ohne Rassismus – Schule mit Courage«. Inzwischen gibt es über vierhundert Schulen in ganz Deutschland, die sich daran beteiligen. Sie haben die Selbstverpflichtung unterschrieben, sich aktiv gegen jede Form von Diskriminierung, insbesondere Rassismus, zu engagieren, und sind Teil eines freiwilligen Netzwerkes, das Kleff und ihre Mitarbeiter durch Referenten, Materialien und Seminare unterstützt. Sie arbeiten mit etwa zweihundert Kooperationspartnern zusammen, zu denen ganz unterschiedliche Institutionen gehören wie etwa das »Antifaschistische Pressearchiv«, das Schulen zum Beispiel über die Symbole und Musik der rechten Szene aufklärt; der »Türkische Bund Berlin Brandenburg«, der Referenten zum Thema Migration in interessierte Schulen schickt, und das Jüdische Museum in Berlin, das Seminare zum Thema Antisemitismus anbietet. »›Schule ohne Rassismus‹ ist das größte bundesweite Schulnetzwerk in Deutschland«, sagt Kleff, die während ihrer eigenen Schulzeit nicht mit Rassismus konfrontiert wurde. »Ich war damals immer die einzige Migrantin in der Klasse; es war beinahe schick, türkisch zu sein. Ich war allerdings auch nie ein Arbeiterkind, denn schließlich sind die heutigen Probleme in ihrem Zentrum doch eine Schichtfrage.«

Für die Zukunft wünscht sich Kleff, dass »die Politik Einwanderung nicht ideologisiert, sondern praktisch mit dem Thema umgeht und sich auf Lösungssuche zum Besten der beiden Parteien macht, der Mehrheitsgesellschaft und der Migranten«. Denn schließlich sei es für Deutschland wichtig, den Einwanderern eine Chance zu bieten, »hier gut zu leben. Alles andere widerspricht den eigenen Interessen. Schließlich hat die Bundesrepublik ein Problem, wenn dreißig Prozent eines Jahrgangs die Schule ohne Abschluss verlassen. Im Interesse des Landes läge es hingegen, wenn diese Menschen sozial und wirtschaftlich aufsteigen würden.« Allerdings sähen die Rahmenbedingungen gerade anders aus, auch »der Unterschicht der hier schon seit Jahrhunderten lebenden Deutschen werden ja immer weniger Chancen zum Aufstieg geboten. Das Problem trifft also nicht nur Migranten.«

Eine weitere der häufig gezogenen Grenzen zwischen Zuwanderern und bereits seit Generationen Einheimischen lehnt Kleff ab. »Wenn ich gefragt werde, ob ich Muslimin bin, sage ich ›Ja‹. Natürlich bin ich davon geprägt worden – aber viele denken dann gleich, sie hätten eine wichtige Information erhalten, dabei geht die Frage ins Leere. Schließlich gibt es im Islam keine Institutionalisierung und keine festen Organisationsstrukturen, an die sich alle halten. Es gibt so viele Untergruppen und Auslegungen, dass die Bezeichnung ›Muslimin‹ an sich überhaupt nichts aussagt.« Sie selbst zum Beispiel feiere alle religiösen Feste mit, »ob muslimisch, christlich oder jüdisch«. Auch hier sollte man sich von der Denkstruktur der »Eingliederungslehrgänge« fernhalten.

Serap Kocaoglu

Architektin

»Eigentlich«, erzählt Serap Kocaoglu, »bin ich im April 1969 geboren. Wir haben in einem Dorf gelebt. Die Dorfbewohner konnten nicht immer in die Stadt fahren, weil es kostenaufwendig war. Wie meine Eltern, lebten auch sie alle sehr bescheiden. Es gab Geldstrafen für zu spätes Anmelden von Neugeborenen. Deshalb hat mein Vater bei seinem nächsten Besuch in der Stadt einfach angegeben, ich sei im Juni 1970 geboren.« Was manchem Popstar ganz gelegen käme, empfand sie selbst bislang immer als eher störend. »Ich musste ein Jahr länger bis zur Volljährigkeit warten und werde auch ein Jahr später meine Rente bekommen.«

Nach Deutschland kam Kocaoglu 1971. »Meine Mutter stammte aus einer wohlhabenden Familie aus der Stadt, hat sich aber in meinen Vater verliebt und lebte dann mit ihm in einem Dorf im Südosten der Türkei. Dort hätten wir Kinder keine große Zukunft gehabt; Mädchen kommen in der Gegend eher in eine Koranschule oder lernen etwas Handwerkliches wie sticken und häkeln, als auf eine allgemeinbildende Schule zu gehen.« Als die Mutter die Chance bekam, als Schneiderin nach Berlin zu gehen, stimmte sie ohne zu zögern zu. Die Familie zog in die Lehrter Straße im Bezirk Tiergarten, »die gehört den Türken, das heißt, es wohnen dort überwiegend Türken, während die Beusselstraße zum Beispiel in arabischer Hand ist. Als ich in die erste Klasse kam, waren dort nur Ausländer und ich habe nichts gelernt. Ich war ja schon im Kindergarten gewesen und auch die Lehrer meinten, ich sei zu gut für die Klasse. Im nächsten Jahr kam ich dann in eine gemischte Klasse mit einer Griechin, vier bis fünf Türken, aber vor allem Deutschen.« Eine besonders gute Schülerin sei sie dort zunächst nicht gewesen. »Ich habe die Klassen immer grad so geschafft, war ja auch ganz auf mich allein gestellt. Schließlich konnten meine Eltern kaum Deutsch und in unserer Gegend wohnten auch nur Türken, so dass ich niemanden etwas fragen konnte. Dennoch hatte ich gehofft, eine Realschulempfehlung zu bekommen. Als die Lehrerin dann meinte, sie würde mir empfehlen, die Hauptschule zu besuchen, hat mich das richtig getroffen. Zu Hause überlegten mein Vater und Onkel, was zu tun sei, und sie kamen zu dem Ergebnis, dass ich selbst aus dem Schlamassel herauskommen müsse. Wenn ich gut wäre, würde ich das schon schaffen. Sonst solle mich mein Vater eben früh verheiraten.«

Kocaoglu kam also zunächst auf die Hauptschule, »wo achtzig Prozent Türken waren. Nach sechs Monaten habe ich gesehen, dass ich da nicht hinpasse, es war langweilig und meine Noten waren sehr gut.« Nach einem halben Jahr stellte der Vater deshalb einen Antrag zum Wechseln auf die Realschule »und sagte zur Schulleitung, wenn sie mich nicht gehen ließen, würde er mich in die Türkei schicken. Das hat gewirkt!« Der Start auf der neuen Schule war jedoch »enttäuschend, meine erste Note war eine Sechs im Diktat. Ich bin heulend nach Hause gelaufen und habe nicht mal den Bus genommen. Mein Vater meinte nur: ›Nun weißt du, was auf dich zukommt!‹ Von da an war ich sehr fleißig und ehrgeizig. Ich wollte unbedingt zu denen gehören, von denen man sagt: ›Die hat es geschafft!‹ In meinem zweiten Diktat hatte ich dann auch schon eine Drei.« Mit großem Ehrgeiz schaffte Kocaoglu es schließlich, ihren Realschulabschluss zu machen, und wechselte auf die Fachoberschule, »denn ich wusste, dass ich Architektur studieren wollte. Beim ersten Anlauf habe ich das Abitur nicht geschafft, für meinen Vater brach eine Welt zusammen. Schließlich wäre ich die Erste in seiner Familie gewesen, die studiert hätte. Seine Enttäuschung überspielte er mit Kommentaren wie ›Aus dir wird eh nichts!‹« Drei Monate lang redeten die beiden kein Wort miteinander, bis die älteste Tochter der Familie ihren Abschluss im zweiten Anlauf schaffte.

»1989 habe ich dann mit meinem Architekturstudium begonnen und es 1994 abgeschlossen. Das, was man allgemein als Studentenleben bezeichnet, habe ich in dieser Zeit nicht kennengelernt. Ich wohnte weiterhin bei meiner Familie und ging kaum aus.« Zu Hause wohnten neben der Studentin auch ihre drei jüngeren Geschwister – ein Bruder und zwei Schwestern. »Meine jüngste Schwester studiert inzwischen auch, die ältere ist verheiratet, hat ein Kind und arbeitet im Einzelhandel. Mein Bruder ist zu Hause als einziger Junge immer mit Samthandschuhen angefasst worden. Der schlägt sich jetzt mit Gelegenheitsjobs durch.« Die Architektin selbst fand nach ihrem Abschluss gleich eine Anstellung in einem Architekturbüro. Ein Jahr später wechselte sie. »Damals hatten zwei meiner Onkel mütterlicherseits Baufirmen in Berlin. Erst habe ich ein Jahr lang bei dem einen Onkel gearbeitet, dann weitere zehn Jahre bei dem anderen Onkel. Wir haben Altbausanierungen durchgeführt und schlüsselfertige Einfamilienhäuser und Villen gebaut. Die Baufirma meines Onkels besteht seit 1979. Ich war immer viel draußen auf den Baustellen unterwegs, das lag mir mehr als die Arbeit im Büro.« Im Frühjahr wechselte die Architektin dann aus der Festanstellung in eine freie Mitarbeit. »Es gab einerseits nicht mehr so viele Aufträge, andererseits wollte ich auch beruflich kürzertreten, da ich geheiratet hatte und inzwischen mit Zwillingen schwanger war.« Ihren Mann hatte sie zuvor auf der Feier einer Freundin kennengelernt und ihn sich »selbst ausgesucht! Ich sollte vorher schon oft verkuppelt werden; es gab auch Vorschläge, in die Türkei zu gehen. Ich wollte aber hier in Berlin leben und mir meinen Mann selbst aussuchen!«

Die standesamtliche Hochzeit der beiden Deutsch-Türken fand in Berlin statt, »die große Feier in der Türkei. Als ich schwanger wurde, haben wir uns sehr gefreut, leider hatte ich eine Fehlgeburt.« Neben der Arbeit an gelegentlichen Aufträgen in ihrem gelernten Beruf steht die 38-Jährige inzwischen am Wochenende immer in einem Imbisswagen auf dem bekannten Berliner Kunst- und Antikmarkt an der Straße des 17. Juni. »Als zweites Standbein habe ich mir den Wagen und das Standrecht zugelegt und verkaufe dort diverse Wurstsorten und selbstgemachte Eintöpfe und Salate. Manchmal helfen mir mein Mann und mein Bruder beim Verkauf.« Viel arbeiten möchte die Architektin derzeit nicht, sie wünscht sich zunächst eine Familie.

Das Leben mit ihren Eltern war nicht immer einfach. »Ich bin sehr streng erzogen worden und durfte zum Beispiel auf Klassenfahrten nicht mitfahren. Das hatte mit der Sorge um die Jungfräulichkeit zu tun. Mein Vater wollte mich immer sehen können, um zu wissen, dass nichts passiert. Ich habe auch nie eine deutsche Freundin gehabt, denn meine Eltern sagten: ›Die sind anders!‹ Sie wollten bewahren, was sie sind. Erst im Studium ist für mich eine Tür zu einer neuen Welt aufgegangen, da habe ich gesehen, was alles möglich ist.« Vorher war das Leben voller Tabus, »ich durfte zum Beispiel auch keine türkischen Freundinnen zu Hause besuchen, weil es immer hieß: ›Wir kennen deren Familie nicht.‹ Meine Eltern haben auch keinen Kontakt zu den Nachbarn gesucht und nicht gut Deutsch gelernt.« Die vier Kinder lebten in zwei Zimmern, in einem hatten alle ihren Schreibtisch, im anderen schliefen sie in Doppelbetten. Eine eigene Wohnung zu haben, »bevor ich heirate, war deshalb immer mein großer Wunsch. Der ist auch mit achtundzwanzig Jahren in Erfüllung gegangen, denn meine jüngere Schwester war immer eine Rebellin, die schon mit zwanzig von zu Hause abgchauen ist, wie es hieß. Heute würde man einfach sagen, dass sie ausgezogen ist, aber in den Augen der türkischen Gemeinschaft hier hatte mein Vater damals versagt. Wir haben sie dann gesucht und eine Weile später hat sie mir vorgeschlagen, dass wir uns zusammen eine Wohnung nehmen. Wir haben mit diesem Vorschlag dann erst einmal bei meiner Mutter angefangen, bevor wir zu meinem Vater gegangen sind. Schließlich durften wir im Hinterhaus eine Wohnung nehmen, für die mein Vater aber einen Schlüssel hatte und in die er regelmäßig zum Nachgucken kam. Für Frauen ist es sehr schwer, in der türkischen Gesellschaft Mitspracherecht zu bekommen.«

Für ihre Eltern sei es schwierig gewesen, »loszulassen. Und für die Kinder solcher Eltern ist es sehr schwer, in den beiden Welten zu leben – der einen zu Hause und der anderen draußen. Wenn der Anpassungswille der Eltern fehlt, ist das ein Nachteil für die Kinder. Die fragen sich, wohin gehöre ich, was denke ich – darf ich das denken? Oft heißt es ja auch, Ausländer werden benachteiligt, da frage ich aber auch nach dem Warum. Viele Türken hier haben nicht richtig Deutsch gelernt und sind nicht offen für Neues. Sie leben für die anderen und sagen: ›Ich möchte nicht, dass jemand über uns spricht und sagt: ›Hast du die Tochter von XY gesehen – wie die rumläuft!?« Leider kommt die Frau in unserer Gesellschaft an zweiter Stelle und noch immer werden Mädchen verheiratet. Das nimmt man hin, obwohl es einem nicht gut damit geht. Frauen müssen zudem viel mehr leisten, um dasselbe zu erreichen, und sie werden mehr kritisiert. Mein Vater fragt mich heute noch, ob ich mich nicht schäme, wenn ich mal ein T-Shirt mit einem tiefen Ausschnitt oder einen kurzen Rock trage.«

Immerhin habe sie sich durch ihr Studium Respekt bei den Eltern erworben, »jetzt akzeptiert mein Vater auch, wenn wir ihm mal widersprechen«. Für die Zukunft wünscht sich die Architektin, dass mehr Frauen »zielstrebig ihre Projekte verfolgen und sich gut ausbilden. Bildung ist das Wichtigste überhaupt, wichtiger als Reichtum!« Auch deshalb hat die gläubige Muslimin über viele Jahre eine Familie in der Türkei mit unterstützt. »Der Vater war Lehrer und krank geworden, so dass sie kein Einkommen mehr hatten. Also haben wir die Familie so lange unterstützt, bis die beiden Kinder ihre Ausbildung abgeschlossen hatten.« Auch ihrer eigenen Mutter hat Kocaoglu das Alphabet beigebracht, später hat sie dann in der Volkshochschule Türkisch schreiben gelernt. »Und mit sechsundfünfzig Jahren hat meine Mutter sogar den Führerschein gemacht. Im Laufe der Jahre haben sich meine Eltern also schon ziemlich geändert.« Bis jedoch Chancengleichheit erreicht sei, müssten viele Kämpfe gefochten werden. »Meine jüngste Schwester profitiert bereits davon: Sie ist einundzwanzig Jahre alt, hat ein eigenes Auto und geht abends aus. Das ist jetzt Normalität.«

Sema Meray

Schauspielerin

Sema Meray, im türkischen Mersin geboren, kam in den Sechzigerjahren als Kleinkind mit ihren Eltern nach Köln. »Obwohl meine Eltern Fabrikarbeiter waren, haben beide einen Sprachkurs gemacht. Meine Mutter war sehr darauf aus, dass wir drei Kinder eine gute Ausbildung bekommen. Dass wir eine deutsche Schule besuchen, war also klar, außerdem sind wir zum Religionsunterricht gegangen, obwohl wir hätten befreit werden können. Meine Mutter hat sich selbst auch schnell aus dem Fabrikarbeiterleben herausgeschält, sie wollte immer angepasst sein, hat ein wunderbares Deutsch gelernt und ist schnell Filialleiterin einer Reinigungskette geworden.« Als es für Meray Richtung weiterführende Schule ging, plädierte der Vater für die Hauptschule, »aber da hat sich der Schuldirektor zum Glück quergestellt und sagte, dagegen wolle er vorgehen – ich müsse aufs Gymnasium.« Der Einsatz lohnte sich, Meray machte ihr Abitur »in Leverkusen, dorthin waren wir 1973 gezogen. Mein Vater hatte Metzger gelernt und meine Mutter das ›Hackfleischdiplom‹ gemacht – sie durfte dann beurkundet Hackfleisch herstellen, Ordnung muss sein! Anschließend haben die beiden von meinem Onkel in der Keupstraße ein großes Lebensmittelgeschäft übernommen. Dort wohnten viele Türken, aber auch viele Deutsche gehörten zu ihren Kunden, so dass meine Eltern dann immer allerlei Anwälte und Ärzte mittags mit fertigen Lammkoteletts und ähnlichen Köstlichkeiten beliefert haben.«

Die Familie war folglich sehr bekannt und angesehen, was dazu führte, »dass uns viele freien wollten. Es hieß dann immer wörtlich übersetzt: ›Wir kommen wegen einer guten Sache‹, das hieß, die Familie kam wegen der Brautschau vorbei. Das war der Horror! Ich stand mit meiner Mutter in der

Küche, musste Kaffee kochen und sagte: ›Ich will da nicht rein, was soll das denn, ich will ja nicht heiraten!‹, und meine Mutter meinte: ›Wir können sie nicht wegschicken, geh einfach rein und sei nett!‹ Jedes Wochenende war so blockiert durch irgendwelche Brautschauen.« Die große Bekanntheit der Familie führte zudem dazu, »dass meine Schwester und ich ständig unter Kontrolle waren. Wenn ich von der Schule zu Hause ankam, wussten meine Eltern bereits, mit wem ich unterwegs gewesen war und mit wem ich mich an der Bushaltestelle unterhalten hatte. Dann kamen regelmäßig Vorwürfe, die einfach nicht stimmten, zum Beispiel dass ich jemanden geküsst oder eine Zigarette geraucht hätte. Mein Vater hat mir dann nie geglaubt, wenn ich gesagt habe, das stimme nicht. Es hieß ›Sie hat geraucht!‹, daraufhin hat er mich geschlagen und mich dann zu irgendwelchen mir wildfremden Menschen geschleppt, bei denen ich mich entschuldigen musste, weil ich angeblich geraucht hätte.«

Die soziale Kontrolle endete auch mit dem Abitur nicht. »Ich hatte in der Schule bei jedem Theaterstück mitgemacht und wollte unbedingt Schauspielerin werden. Das kam für meine Eltern aber gar nicht in Frage. Meine Mutter wünschte sich ohnehin, dass ich vor allem meinem Bildungsstand entsprechend heiraten könne, mein Vater wollte, dass, wenn ich schon studieren wolle, es dann ›etwas Richtiges‹ sein solle – zumindest nicht Schauspiel.« Meray begann deshalb, Romanistik und Kunstgeschichte zu studieren; ging nebenbei aber weiter ihrer Leidenschaft nach. »1983 habe ich in der Freien Theaterwerkstatt Köln am ersten Integrationsstück Deutschlands mitgewirkt, das sich durch meine Anwesenheit stark verändert hat. Denn ich habe geplaudert und als erstes türkisches Mädchen erzählt, wie es in den Familien zugeht.« Das Stück trug den Titel »Nein/Hayır!« und führte unter anderem dazu, dass die Schauspielerin »sechs Wochen lang in Köln unter Polizeischutz stand, da ich massiv bedroht worden war. Übrigens sowohl von türkischer Seite als auch von deutschen Rechtsradikalen. Schließlich wollten beide keine Integration.« Meray wurde »herumgereicht und kam in viele Talkshows, war aber auch in Sendungen wie dem *Heute Journal*. Alle haben Stück und Thema auf mich projiziert. Viele türkische Mädchen kamen auf mich zu und sagten:

›Ich will so werden wie du!‹. Denen habe ich gesagt: ›Werd erst mal wie du selbst!‹ Aber ich war auch überrollt vom ständigen Im-Mittelpunkt-Stehen und von der Erwartung, ich könne Lösungen präsentieren. Ich kannte ja selbst die Freiheit nicht, habe immer für andere gekämpft, aber nicht für mich. Daran sind vermutlich meine Beziehungen gescheitert, da man mich nicht gut deckeln kann, ich aber auch meinen Wunsch nach Freiheit nicht äußere, sondern lange Zeit vieles schlucke und dann einen klaren Schlussstrich ziehe.«

Ihre erste Beziehung »wurde ein bisschen von meiner Mutter eingefädelt. Ein deutscher Arzt hatte meine Schwester operiert, meine Mutter hat dann dafür gesorgt, dass wir uns kennenlernen. 1983 trafen wir uns und heirateten schnell, was für mich viel zu früh kam, da ich mein Leben erst hätte sortieren müssen. Mit dem Arzt hatte ich zwar mein eigenes Leben, wurde aber gleich wieder durch die Geburt unserer beiden Töchter 1984 und 1986 gedeckelt. Ich war unheimlich gern Mutter und erfuhr absolute Zuwendung durch meinen Mann, so dass ich mich wie eine kleine Königin im eigenen Reich fühlte. Meine eigenen Pläne und meinen Beruf musste ich aber zurückstellen. Mein Mann sägte meinen aufkeimenden Karriereast ganz langsam ab, indem er immer sagte: ›Ach Schatz, du musst doch nicht arbeiten, das hast du doch nicht nötig!‹ Ich habe mich dann fallengelassen – schließlich ist das ja wirklich eine Versuchung, und die besten Künstler kommen nicht ohne Grund aus der Gosse.«

In den kommenden Jahren konzentrierte sich Meray deshalb »ganz auf die Kinder und die Praxis meines Mannes. Der machte gerade seinen Facharzt und wollte danach eine Praxis in Bad Neuenahr/Ahrweiler übernehmen – einem kleinen Nest inmitten eines Weinanbaugebietes. Dorthin sollte ich ziehen! Ich habe versucht, mir das schönzureden, ›du kannst wohnen, wo andere Urlaub machen!‹, und mich in die Arbeit gestürzt. Ich musste schon ein halbes Jahr vor meinem Mann dorthin, habe mich dann in die Praxis eines alten Arztes eingearbeitet, die Geräte kennengelernt und die Übergabe vorbereitet, damit mein Mann am Ende seiner Facharztausbildung nur noch das Messer fallenlassen musste, um hier anzufangen. Ich habe wie ein Berserker gearbeitet und hundertfünfzig Prozent Energie in das Projekt gesteckt. Als der Betrieb dann losging, hatten wir viele komische Erlebnisse. Einmal kam zum Beispiel ein bekannter Möbelhändler des Ortes, sah mich, wie ich da so im vom Archiv leicht dreckigen Kittel, mit Pferdeschwanz und einem Arm voll Röntgenbilder durch die Praxis lief, und fragte meinen Mann: ›Wer ist denn dieser kleine scharfe Feger in Ihrer Praxis?‹« Dass der deutsche Arzt mit einer türkischen Frau verheiratet war, blieb Thema in der Stadt »und ich habe mich auch unter den anderen Arztfrauen nicht wirklich wohlgefühlt. Die luden mich immer zu ihren Bridgeabenden ein und meinten: ›Wie nett, Sie spielen Theater!‹, und dachten, das sei mein Hobby.«

Drei Jahre lebte Meray als Praxishilfe und Mutter in der Provinz, »wohin ich auch noch meine Eltern mitgenommen hatte, die mit uns im selben Haus wohnten. Ich hatte also alle meine Kontrolleure in meiner Nähe! Eine Weile war das Leben dort sehr angenehm, so eine Phase ›schöner wohnen‹ kann ich eigentlich jeder Frau empfehlen, danach weiß man, was man wirklich will!« Sie selbst wollte wieder studieren, »denn mein Gehirn war ganz ausgetrocknet. Als ich mich dann eines Tages mit der Sprechstundenhilfe, die selbst ursprünglich Lehrerin war, darüber unterhielt, meinte sie, dann solle ich doch noch mal auf die Universität gehen. Also habe ich dort angerufen und erfahren, dass am selben Tag Einschreibeschluss war. Ich habe mich sofort für Kunstgeschichte und Archäologie immatrikuliert.« Ihr Mann wusste nichts davon und »war total sauer, weil ich ihn nicht gefragt hatte. Da habe ich ihn darauf hingewiesen, dass ich die letzten Jahre alles für die Kinder und seine Karriere gemacht hätte, nun sei ich selbst an der Reihe.« Der Studienbeginn war dann zugleich auch der Anfang vom Ende ihrer Ehe. »1991 habe ich den ersten Fluchtversuch unternommen, mir eine eigene Wohnung in Köln genommen und die Kinder dort in der Schule angemeldet. Meine Eltern, die unbedingt wollten, dass ich zu meinem Mann zurückkehre, haben sehr viel Druck gemacht; mein Mann gab sich Mühe und hat intensiv um mich geworben und schließlich bekam meine Tochter noch einen Augentick, der dazu führte, dass ich mir sagte: ›Ich böse Mutter bin schuld, dass meine Kinder so leiden!‹ Deshalb ging ich wieder zu ihm zurück.«

Die Änderungen zu Hause beschränkten sich darauf, dass ihre Eltern sich eine andere Bleibe suchten »und wir vier in ein altes Winzerhaus zogen, mit dessen Herrichtung ich eineinhalb Jahre beschäftigt war, eine super Ablenkung!« Nachdem die Arbeit getan war und die Familie im Februar 1995 einzog, kehrten die alten Rollenmodelle schnell zurück, was dazu führte, dass Meray ab August nur noch weg wollte und tatsächlich Weihnachten das Haus verließ. Ein Jahr später scheiterte ein letzter Versuch, die Beziehung wieder zum Leben zu erwecken, »und ich habe beschlossen, mich wieder als Schauspielerin zu bewerben«. Einen Tag, nachdem Meray beim WDR angerufen hatte, meldete der Sender sich und bot ihr eine Hauptrolle in der Serie *Die Anrheiner* an.

Seither lebt die Schauspielerin in Köln und spielte in diversen Fernsehfilmen, Serien und Theaterstücken mit. 2000 heiratete sie ein zweites Mal und bekam eine dritte Tochter, die Ehe ist allerdings inzwischen gescheitert, die Scheidung läuft, »selbst meine Eltern empfahlen mir, mich scheiden zu lassen«. 2004 begann Meray eine neue Karriere. Sie fing an zu schreiben, »und als 2005 Hatun Sürücü ermordet wurde, war mir als Autorin klar, dass ich dazu was schreiben muss. Ich fand es unbegreiflich, dass es in Berlin ›Ehrenmorde‹ gibt, mitten in einer europäischen Hauptstadt, vor den Augen anderer Leute – hatte denn keiner was mitbekommen von dem Druck, unter dem diese Frau gestanden haben muss? Ich fand auch die Berichterstattung sehr voyeuristisch und einseitig. Über die Brüder konnte man immer nur lesen, dass sie schweigen. Ich fragte mich, was in ihnen vorgehen mag. Schließlich versorgen in türkischen Familien die älteren Schwestern ihre kleineren Geschwister, die haben ein sehr enges und intimes Verhältnis. In meinen Augen ging es hier also nicht um ein von den Medien dargestelltes reines Täter-Opfer-Verhältnis. Natürlich ist ein Mord ein Mord und muss hart bestraft werden – aber in diesem Fall waren alle Beteiligten Opfer.«

Meray ging also zur Freien Theaterwerkstatt in Köln und sagte, sie wolle ein Stück zum Thema »Ehre« schreiben. »Die waren sofort interessiert, so dass ich mir sicher sein konnte, dass es später aufgeführt wird. Ich bin mit dem Dramaturgen wochenlang durch die türkische Nachbarschaft ge-

147

zogen und habe die Menschen gefragt, wie sie zu dem Thema stehen. Was die geantwortet haben, hat sich absolut mit dem gedeckt, was ich schon geschrieben hatte. Einmal bin ich auch zusammen mit meiner Mutter in so ein richtiges türkisches Männerkaffeehaus gegangen. Ich hatte sie mitgenommen, weil ich mich als Frau allein nicht reintraute und nicht wusste, wie die Männer reagieren würden. Meine Mutter ist dort überall sehr bekannt und angesehen, die Männer haben uns gleich freundlich mit ›Hallo Schwester‹ begrüßt, ihr Pokerspiel unterbrochen und sich zu uns gesetzt. Dann haben sie begonnen zu reden und aus sich herauszugehen. Ein alter Mann hat mich besonders beeindruckt; was er zu uns gesagt hat, habe ich fast wörtlich als kleinen Monolog in mein Stück einfließen lassen. Er meinte, vor Jahren sei mal ein deutscher Journalist in die Firma gekommen und habe gefragt, er arbeite doch seit zehn Jahren hier, seine Kinder zögen sich deutsch an, sprächen deutsch und gingen auf deutsche Schulen – ›Wann du werden Christ?‹, war seine letzte Frage. Als der alte Mann mir das erzählte, sah ich das empörte Blitzen in seinen Augen, er schaute vermutlich genauso wie damals bei der Befragung. Ich finde diese Frage auch unerhört!«

Meray stellte fest, dass »der gesellschaftliche Druck in allen Kulturen sehr groß sein kann – wohin das führt, erleben wir immer wieder. Können wir nur zuschauen oder gibt es eine Möglichkeit, daran etwas zu ändern? Mir war klar, dass ich meinen Beruf als Schauspielerin nutzen muss, um ein so sensibles Thema in die Öffentlichkeit zu tragen, wohlgemerkt, ohne Voyeurismus! Ich wollte versuchen, nicht die Opfer- und Tätergeschichte zu erzählen, in der am Schluss Blut fließt, sondern ins Innere der Uhren zu blicken. Und ich wollte den Punkt suchen, an dem das Gespräch zwischen den Beteiligten etwas Furchtbares abwenden kann. Wir, und damit meine ich alle, die in Deutschland leben, müssen uns der Aufgabe stellen, die Vorgeschichte eines Ehrenmordes mit all ihren Verwicklungen zu betrachten, in die Motive aller Beteiligten einzudringen, um Lösungen zu finden. Denn nach einem Mord ist es zu spät, dann gibt es nicht nur eine Tote, sondern mehrere, deren Leben zerstört ist.«

Die Autorin selbst spielt eine Hauptrolle in dem Stück, ebenso wie eine ihrer Töchter, die ebenfalls Schauspielerin geworden ist. »Nach der Vorstellung diskutieren wir mit dem Publikum, was sehr spannend ist, zumal Türken hier ja eigentlich kaum ins Theater gehen. Die Reaktionen, die wir bekommen, sind sehr positiv; zumindest in dem Augenblick, wenn die Leute den Saal verlassen, wissen sie, dass das Geschlechterverhältnis nicht korrekt ist.« Auch vom Berliner Verein »Madonna«, der mit seinen Postkarten »Meine Ehre ist, für die Freiheit meiner Schwester zu kämpfen« für viel Furore gesorgt hat, kamen positive Reaktionen. Persönlich bedroht wurde Meray in Zusammenhang mit ihrem neuen Stück nicht. »Ich war mir anfangs der Reaktionen nicht sicher. Als wir zum Beispiel das erste Mal auf Türkisch gespielt haben und all die Menschen wirklich kamen, die wir erreichen wollten, die Kopftuchträgerinnen und Schnauzbartmänner, habe ich mir schon meine Gedanken gemacht, schließlich sitzt man in so einem kleinen Theater ja sehr nahe am Publikum. Aber nach der Vorstellung haben alle applaudiert, dann war einen Moment Stille und anschließend meldete sich eine Frau mit erstickender Stimme und sagte: ›Es ist genauso, wie du es gezeigt hast!‹ Anschließend musste ich Spalier stehen und allen die Hand geben.«

Die Vorstellungen vor zumeist ausverkauften Häusern bringen so die von Meray gewünschte Plattform zur Diskussion, »denn Theater kann ja keine Lösungen bieten, die müssen wir alle gemeinsam herbeiführen«. Sich gegenseitig einen Einblick in die Kultur zu ermöglichen, dafür kann und will die Schauspielerin jedoch sorgen. Denn »man muss Kenntnis voneinander haben, dann kann man auch nicht mehr weggucken. Man sollte immer wieder miteinander diskutieren und im Gespräch bleiben, um die Familienmitglieder davon zu überzeugen, gemeinsam auf Entwicklungsreise zu gehen. Abhauen und weggucken sind die schlechtesten Wege. Denn schließlich gibt es in türkischen Familien ja trotz aller Probleme eine große emotionale Nähe, eine starke Liebe – über dieses Gefühl der gegenseitigen Zuneigung sollte man versuchen, den Zugang zueinander zu finden.«

Auch von der deutschen Mehrheitsgesellschaft erhofft sich Meray in der Zukunft ein etwas engagierteres Auftreten. »Wir sind eine Einwanderungsgesellschaft, es fehlt aber noch die Geisteshaltung dazu, das auch zu akzeptieren. Es ist notwendig, dass beide Seiten die Angst verlieren, dass sich niemand mehr unterdrückt fühlt oder unterdrückt. Dann kann man auch tolerant sein und wirklich miteinander leben.« Zum Abbau der Ängste könne ihrer Meinung nach eine neue, allgemein anerkannte Übersetzung des Korans beitragen. »Ich finde es schon merkwürdig, wenn ich zum Beispiel auf einem Podium mit einer Islamwissenschaftlerin sitze und die zu allen Einwänden aus dem Publikum dann sagt, da werde der Koran falsch verstanden, der Islam sei in Wirklichkeit eine ganz friedliche Religion. Da denke ich mir doch, wenn das so missverständlich ist, dass sich immer wieder Menschen bei Gewalttaten auf den Koran berufen, dann muss man den halt ändern und eine gültige Übersetzung rausbringen, aus der hervorgeht, dass der Islam eine friedliche Religion ist.« Sie selbst sieht sich durchaus als gläubig, »ich danke Gott für das Gute in meinem Leben und bitte auch in schwierigen Situationen schon mal um Kraft. Ich mag aber auch Kirchen, die haben etwas Meditatives.« Große Moscheen brauche man in Deutschland jedoch nicht, schließlich »braucht wahrer Glaube keine pompösen Gebäude. Ich kann gut verstehen, dass so ein Bau wie der in Köln geplante die Gemüter erhitzt.«

Hoffnung setzt Meray in »die Generationen nach uns. Jetzt kommt langsam auch die Politik auf die Idee, dass Sprache wichtig ist und gefördert werden muss – und dass es keine gute Idee war, dreißig Türken zusammen in eine Klasse zu stecken und sich dann zu wundern, dass die kein gutes Deutsch lernen.« Nun sei es wichtig, meint die Schauspielerin, wirkliche Anerkennung zu ermöglichen. »Als die Gastarbeiter hierherkamen, haben sie von Anfang an gemerkt, dass sie nicht anerkannt werden. Alleine Begriffe wie ›Kümmeltürke‹ und ›getürkt‹ sagen alles. Für den Türken als Menschen interessierte sich in Deutschland niemand, die sollten nur die Klos putzen und den Müll wegräumen. Da jeder Mensch seine Würde bewahren will und Anerkennung sucht, haben viele sich die innerhalb ihrer Gemeinschaft geholt. Um diesen Respekt nicht auch noch zu verlieren, wird dann vieles gemacht.« Die folgende Generation könne hier aber schon einen Schritt weitergehen. »Man muss junge Frauen und Männer dabei unterstützen, selbstbewusst ›Nein!‹ sagen zu lernen. Ihnen soll klar sein, dass sie vom deutschen Staat und der deutschen Gesellschaft geschützt werden und keine Angst vor einer Konfrontation mit den Wünschen der eigenen Eltern haben müssen.« Im Abbau von Angst, »vor den Fremden und vor der Fremde«, liege schließlich der Schlüssel zum Erfolg.

Saima Mirvic-Rogge

Germanistin und Dolmetscherin

Saima Mirvic-Rogge wurde 1960 in Ostbosnien geboren und zog fünf Jahre später mit ihrer Familie nach Sarajevo. »Nach dem Abitur habe ich dort Wirtschaftswissenschaft studiert und gleichzeitig bei einer Wirtschaftsbank gearbeitet. Das Studium habe ich dabei etwas vernachlässigt und dann auch nicht abgeschlossen, was nicht weiter schade war. Denn was wir dort gelernt haben – Dinge wie die Arbeiterselbstverwaltung und der Sozialismus –, war gerade am Scheitern.« Kurz nach dem Systemwandel begann der Krieg im damaligen Jugoslawien. »Anfang April 1992 fing die Bombardierung der Hauptstadt an. Ab da war der Tod fast drei Jahre lang unser täglicher Begleiter. Ich habe sehr viele Verwandte, Freunde und Nachbarn verloren. Besonders schlimm war es für meine Familie in Ostbosnien, sie wurden alle vertrieben, viele in Lager verschleppt oder ermordet.«

Mirvic-Rogge selbst magerte stark ab »und wog noch 40 Kilogramm. Das war nichts Ungewöhnliches in Sarajevo, dort haben fast alle zwischen fünfzehn und dreißig Kilogramm abgenommen.« Die damals 35-Jährige erkrankte zusätzlich schwer, »dann haben mich Freunde rausgeholt und mir geholfen, nach Deutschland zu kommen. Es war damals schwierig, aber nicht unmöglich rauszukommen. Wir hatten Angst, unterwegs von Milizen verschleppt zu werden. Auf dem Weg hatten wir mit dem Bus einen Unfall und er wäre beinahe eine Schlucht hinuntergestürzt. Wir mussten alle aussteigen und zu Fuß durch den Wald weiterlaufen; dabei wussten wir nicht, wer dort das Gebiet kontrolliert. Nachdem wir uns in einem Lazarett der bosnischen Armee aufgewärmt hatten, nahm uns zum Glück ein anderer Bus mit.« Über Mostar und Zagreb gelangte Mirvic-Rogge so im Februar

1995 nach Berlin, »wo ich sofort ins Krankenhaus gekommen bin. Dort wurde ich gut behandelt und hatte genug zu essen, so dass ich mich schnell erholt habe. Der Krieg war aber noch nicht zu Ende. Ich hatte immer Angst davor, zu hören, dass jemand getötet wurde, schließlich waren nicht nur Freunde und Bekannte, sondern auch meine Eltern und zwei Geschwister sowie viele Verwandte in Sarajevo zurückgeblieben. Die ständige Sorge um meine Familie war sehr belastend.«

In Berlin lebte sie in einem Heim mit Hunderten anderer Flüchtlinge in dem von Hochhäusern bestimmten Bezirk Lichtenberg. »Das Wohnheim war schrecklich, es war laut und dreckig; man vegetierte da mit anderen, die auch kein Ziel hatten oder keine Kraft, es zu verwirklichen, vor sich hin. Auch die Architektur der Umgebung hat mich depressiv gemacht. Nach einer Weile habe ich aber andere Teile von Berlin kennengelernt, mir Galerien, Museen und die Schlösser angesehen. Ich war sehr neugierig und diese Touren haben mir gut gefallen.« Der Start in Deutschland war dennoch sehr schwierig, »ich hatte den Aufenthaltsstatus eines Kriegsflüchtlings, konnte die Sprache nicht und durfte nicht arbeiten. Diese mangelnde Sicherheit als Flüchtling, nicht zu wissen, ob man bleiben darf oder nicht, war sehr schlimm. Wir durften nicht arbeiten und konnten somit auch die Sprache nicht lernen. Gleichzeitig bekamen wir aber in der Ausländerbehörde Vorwürfe zu hören, dass wir nichts täten.« Gratissprachkurse gab es kaum, aber eine Sprachschule auf eigene Kosten zu besuchen war kaum möglich. »Schließlich lebten wir von Sozialhilfe und durften keine offizielle Arbeit annehmen. Durch diese Regelung wurden wir vor die Wahl gestellt, nichts zu tun, kein Geld zu haben und nicht voranzukommen – oder eben schwarz zu arbeiten.«

Durch Kontakte schaffte es Mirvic-Rogge schließlich doch, auf eine private Sprachschule zu kommen, und lernte schnell und intensiv Deutsch. »Auf dem Pausenhof hat mich ein junger Indonesier angesprochen, ob ich auch studieren wolle, denn die meisten Ausländer waren dort, um anschließend zur Universität zu gehen. Ich hatte vorher nicht an ein Studium gedacht, überlegte mir aber, dass es nicht schlecht wäre, mir ein Ziel zu setzen und dann dafür zu kämpfen. Die davor herrschende Leere war schwer

zu ertragen.« Welches Fach es sein sollte, stellte sich für die damals 39-Jäh-
rige während der Abschlussprüfung in der Sprachschule heraus. »Die Lehrerin fragte mich, warum ich Deutsch lernen wollte, worauf ich antwortete,
ich hätte immer schon Goethe im Original lesen wollen. Der Gedanke hat
mir dann gefallen, das auch wirklich zu tun. Also habe ich beschlossen,
Germanistik zu studieren.« 1999 besuchte Mirvic-Rogge ein Studienkolleg
und begann 2000 an der Freien Universität ihr Studium in den Fächern
Neuere Deutsche Literatur, Osteuropäische Geschichte und Neuere Geschichte. Inzwischen hat sie alle Prüfungen bestanden, eine Zusatzausbil-
dung zur Dolmetscherin absolviert und sitzt nun an den letzten Seiten ihrer Magisterarbeit über Heinrich Böll, »einen Seelenverwandten. Ich kann
genau nachvollziehen, was er meint, wenn er zum Beispiel von einem Sol-
daten schreibt, der unbedingt essen muss, obwohl er weiß, dass er bald
stirbt. Wir haben damals in Verstecken auch als Erstes unsere Stullen aus-
gepackt und manchmal überlegt: ›Warum esse ich jetzt? Das hat doch keinen Sinn, da ich vielleicht schon in der nächsten Sekunde tot bin!‹ Aber
man muss dann einfach essen. Und es hat geschmeckt.«

Nach Sarajevo zurückgekehrt ist Mirvic-Rogge bereits direkt nach dem
Daytoner Abkommen und dem daraus folgenden Ende des Krieges im November 1995. »Meine Mutter war krank, deswegen wollte ich unbedingt
dorthin. Es war eine sehr schwere Reise, besonders als ich durch Bosnien
gefahren bin und kilometerlang nur Ruinen, keinen Menschen und keinem
Leben begegnete. Während ich dann in Sarajevo war, hatte ich jede Nacht
Alpträume, dass die Stadt eingeschlossen ist, bombardiert wird – und ich
nicht mehr weg komme.« Doch die Realität für sie selbst – wie für Tausende
weitere Flüchtlinge in Deutschland – war die Unsicherheit des Aufenthaltsstatus. »Es wurde ja praktisch vom Tag des Friedensschlusses an über eine
Rückkehr gesprochen. Man kann aber nicht in eine zerstörte Gegend zurückkehren, wo man von den einstigen Tätern umgeben ist, auf deren
Gnade man dann hoffen muss. Die Gebiete, aus denen die meisten vertrie-
benen Bosnier stammen, waren ja zum großen Teil noch besetzt und bei
der Polizei der Republik Srpska sind bis heute noch einige der einstigen
Verbrecher beschäftigt.«

1998 gründete Mirvic-Rogge deshalb zusammen mit einigen Mitstreiterinnen den Verein »Srebrenica« für traumatisierte Frauen aus Bosnien und Herzegowina in Berlin. »Wir wollten uns selbst vertreten und verhindern, dass immer nur über, aber nie mit uns gesprochen wird. Bis dahin fehlten die authentischen Vertreter, die auch Ansprechpartner und Mittler für Behörden sein können. Außerdem wollten wir für einen besseren Aufenthaltsstatus kämpfen und erreichen, dass die Frauen wieder Selbstachtung und -bewusstsein zurückgewinnen.« Zu diesem Zweck bot der Verein den Frauen ein Umfeld, in dem sie sich nicht nur untereinander in einem geschützten Raum über ihre Erlebnisse austauschen konnten, sondern auch psychologische Hilfe bekamen. »Dafür haben wir deutsche Psychotherapeutinnen gesucht, denn es wäre problematisch gewesen, mit jugoslawischen Psychologinnen zu arbeiten. Schließlich sprechen manche von ihnen den gleichen Akzent wie die damaligen Täter, was bei den Frauen zu einer starken Retraumatisierung hätte führen können.«

Deutsche Therapeutinnen zu finden, war jedoch sehr schwierig, »da wir für unsere Arbeit Räume im islamischen Kulturzentrum zur Verfügung gestellt bekommen hatten. Deshalb wurden wir sofort unter Islamismusverdacht gestellt, es hieß, wir seien alle Fundamentalistinnen. Ich denke, dass die Gerüchte gezielt von anderen Hilfsanbietern gestreut wurden, die sich in Konkurrenz zu uns sahen. Wir waren also traumatisiert, hatten keinen Status und mussten gegen Verleumdungen kämpfen. Nachdem es dann auch noch zu Machtkämpfen kam, obwohl unsere Arbeit doch ehrenamtlich war, habe ich mein Amt im September 2005 niedergelegt.« In den sieben Jahren zuvor konnten Mirvic-Rogge und ihre Kolleginnen jedoch vielen Frauen helfen. »Wir hatten bis zu dreihundert Mitglieder, erheblich mehr nutzten unsere Kursangebote – Deutsch-, Computer- und Nähkurse sowie die Therapieangebote.« Vielen der Flüchtlinge gelang es so, ihren Aufenthaltsstatus zu verbessern, »denn es gab im Januar 2001 ein Gesetz, das allen schwersttraumatisierten Frauen das dauerhafte Aufenthaltsrecht in Deutschland einräumte«. Diese Bestätigung konnten auch die Psychotherapeutinnen des Vereins »Srebrenica« ausstellen, so dass nach langen Jahren des Bangens schließlich an der Zukunft gearbeitet werden konnte, »und die Frauen nicht mehr ständig ihre Geschichte vor der Polizei, der ärztlichen Kommission oder gar der Ausländerbehörde wiederholen mussten. Denn selbst dort gab es ja Leute, die meinten, sie könnten und dürften entscheiden, wer ›traumatisiert‹ ist. Mit dem gesicherten Aufenthaltsstatus konnte man sich dann Arbeit suchen und die Kinder eine Ausbildung machen lassen«, man hatte seine Entwicklung wieder ein bisschen mehr in der eigenen Hand. »Bis dahin hatten die ständigen Abschiebedrohungen wieder alles, was wir in langen Therapiesitzungen erreicht hatten, zerstört, da die Frauen sich ängstigten, wieder in die Stadt oder das Dorf zurückzumüssen, wo sie die schlimmsten Erfahrungen ihres Lebens gemacht hatten.«

Mirvic-Rogge war in der Zwischenzeit »das Schönste und Wichtigste« ihres Lebens widerfahren. »1998 habe ich meinen Mann im bosnischen Kulturzentrum kennengelernt. Er hatte bosnische Freunde, die er an diesem Abend begleitete – und miteinander haben wir in den letzten Jahren so vieles erreicht, was allein gar nicht möglich gewesen wäre!« Der deutsche Innenarchitekt war zu Beginn der Neunzigerjahre zum Islam konvertiert; auch er betet wie seine Frau fünfmal am Tag, hält den Fastenmonat ein und geht gelegentlich in die Moschee. »Mir bedeutet meine Religion sehr viel, sie bestimmt meine Lebensweise, bei ihr suche ich Antworten auf die Fragen, mit denen ich täglich konfrontiert werde. Religion ist für mich eine Orientierung in der Freiheit, denn die Gesellschaft bietet sehr viele Chancen, aber auch viele Versuchungen«, meint Mirvic-Rogge. Wirkliche Anerkennung finde ihre Religion in Deutschland jedoch nicht, »in den Medien werden Muslime generell negativ dargestellt, man sollte da mehr differenzieren. Denn wenn man seine Religion nicht frei leben kann, ist die Chance groß, dass sie sich destruktiv entwickelt, das kann zu Radikalisierung führen.« Manchmal, so die 47-Jährige, würden »alle Muslime, die regelmäßig in die Moschee gehen, als potentielle Terroristen dargestellt. Ich aber sehe zum Beispiel keinen Widerspruch darin, meine Magisterarbeit über das Werk Heinrich Bölls zu schreiben und fünfmal am Tag zu beten.« Ein Kopftuch trägt Mirvic-Rogge nicht, »ich verstehe den Koran so, dass es keine Pflicht, sondern die Möglichkeit des Kopftuches gibt. Solange es aber von der Mehrheitsgesellschaft als Provokation gesehen wird, eines zu tragen, hat es für mich keinen Sinn. Ich finde es aber merkwürdig, dass hier immer so getan wird, als ob muslimische Frauen nur das Kopftuchproblem hätten. In Bosnien wurden Frauen eingesperrt und ermordet, weil sie Musliminnen waren. Die meisten von ihnen trugen kein Kopftuch.« Die Dolmetscherin denkt, »dass man hier in Deutschland auf beiden Seiten Ängste abbauen muss. Einerseits haben viele Muslime Angst, dass sie assimiliert werden, ihre Kinder an eine ihnen fremde Kultur verlieren und ihre Sprache verlorengeht. Ich denke, die Gesellschaft muss verstehen, dass Integration nicht Assimilation bedeutet und man seine Sprache und Kultur pflegen darf. Muslime brauchen meiner Meinung nach mehr Anerkennung in der Gesellschaft.« Andererseits würden aber auch einige in Migrantenkreisen »Betonpositionen vertreten. Ich finde es zum Beispiel nicht richtig, dass ein Imam hier zehn Jahre lebt und kein Deutsch kann oder in einer Gruppierung kein Kontakt zur Außenwelt gewünscht wird. Ich jedenfalls habe keine Lust, mich immer im Kreis zu drehen, sondern will weiterkommen.«

Um dieses zu erreichen, engagiert sich Mirvic-Rogge vielfältig, zum Beispiel im unlängst gegründeten »Aktionsbündnis muslimischer Frauen«. »Mit der bundesweiten Vernetzung streben wir an, gemeinsame Ziele sowohl innerhalb der muslimischen Gemeinden als auch gegenüber der nichtmuslimischen Öffentlichkeit besser zu vertreten. Wir arbeiten themenbezogen, greifen bestehende Aktivitäten in islamischen Gemeinden, der Wissenschaft und Politik auf und entwickeln gemeinsam Aktionen. Im Vordergrund steht dabei das gemeinsame Handeln muslimischer Frauen in ihrer ganzen Vielfalt.« Auch in interkulturellen und interreligiösen Projekten wie »Irene« engagiert sich die Germanistin. »Dort treffen sich gläubige Christinnen und Musliminnen, diskutieren religiöse und kulturelle Themen und bilden ein unterstützendes Netzwerk.« An dem Projekt »Werkstatt der Kulturen und Weltanschauungen« nimmt sie aktiv teil. »Dort sollen Lehrer für den Umgang mit Migrantenkindern sensibilisiert werden, um ihnen besser helfen zu können. Wir versuchen dort, andere Religionen und Kulturen zu verstehen, und nehmen als Vertreter unterschiedlicher Religionen und Weltanschauungen anhand unserer Biografie Stellung zu verschiedenen gesellschaftlich relevanten Themen.« Sie ist auch Mitarbeiterin des Projekts Muslimische-Stimmen.de, das muslimische Vielfalt in Deutschland präsentieren will.

Mirvic-Rogges »Motto war immer, dass vieles möglich ist, wenn man es wirklich will. Die Zeiten und Menschen ändern sich und man muss immer positiv an die Zukunft denken – agieren und nicht nur reagieren. Das sehe ich auch als meine religiöse Pflicht, in meiner Umgebung etwas zu verbessern. Schon kleine Schritte können da sehr viel bewegen, man muss nur Geduld haben.« Von Deutschland wünscht sie sich, dass Migranten »hier das Gefühl bekommen, zu Hause zu sein. Die Gesellschaft sollte das möglich machen. Ich fände es schön, wenn mehr Migranten in der Politik und den Medien wären, wenn der Zugang zum Arbeitsmarkt überhaupt erleichtert würde. Denn wie kann man sich integrieren, wenn man keine Chance auf Arbeit hat? Auch das Bildungssystem müsste sich ändern, schließlich haben Sozialschwache hier laut internationalen Studien weniger Aufstiegschancen und Migranten haben noch weniger Aussichten.« Allerdings gebe es in letzter Zeit sehr positive Entwicklungen zu beobachten, und »es hilft ja nichts zu jammern, dass viele Dinge nicht schon vor dreißig Jahren gemacht wurden«. Jetzt und in Zukunft will sich die ehemals Geflüchtete selbst für andere Opfer von Vertreibungen und Genoziden einsetzen, zum Beispiel jene in Darfur. »Ich bin bei der Gesellschaft für bedrohte Völker aktiv und spreche auf deren Veranstaltungen als Repräsentantin der Genozidüberlebenden aus Bosnien.« Sich für weltweite Menschenrechte auch beruflich einzusetzen – das kann sich die bald frisch diplomierte Germanistin gut vorstellen. »Schließlich wollte ich zu Beginn meines Studiums nur etwas Schönes für meine Seele tun. Jetzt bin ich frech geworden und möchte auch einen Job!« – und wenn dann einen, in dem sie sich politisch und sozial engagieren kann.

Pari Niemann

Gleichstellungsbeauftragte beim NDR

1950 wurde Parichehr Niemann, geborene Shirvani Nejad, in Zahedan, der Hauptstadt der Provinz Belutschistan im Süden des Irans, geboren. »Mein Vater war Offizier der Schaharmee und führte die Grenzschutztruppen in diesem Abschnitt der iranisch-pakistanischen Grenze an.« Die Grenzen überschritten hatten ein Jahrhundert zuvor zwei ihrer Großeltern, »die Väter meiner beiden Elternteile stammten aus Aserbaidschan. Aserbaidschan gehörte bis ins 19. Jahrhundert noch vollständig zum Persischen Reich, bis Fath Ali, Schah aus der Ghajaren-Dynastie, sich so beim russischen Zaren verschuldet hatte, dass er gezwungen wurde, einige nordische Gebiete des Reiches, darunter die Hälfte des aserbaidschanischen Gebietes, abzutreten. Große Teile der muslimischen Bevölkerung wanderten damals in den iranischen Teil des Landes aus.« Zu Hause unterhielt sich die Familie deshalb nicht nur auf Persisch, sondern auch auf Aserbaidschanisch, »allerdings habe ich seit vierzig Jahren kein Wort mehr gesprochen, weshalb ich das meiste vergessen habe. Es reicht aber noch, um viele Türken zu verstehen, schließlich sind diese beiden Sprachen ja verwandt.«

Nach fünf Jahren in der Grenzregion zog Niemann nach Teheran. »Ich war als kleines Kind mehrfach sehr krank gewesen, hatte chronisches Asthma und Bronchitis. Mein Vater wurde vom Norden an die iranisch-sowjetische Grenze nach Aserbaidschan versetzt, eine Gegend inmitten des Araratgebirges, von der man sehr schlecht ein Krankenhaus erreichen konnte. Also haben die Ärzte meiner Mutter empfohlen, mich in der Hauptstadt zu lassen.« Dort lebte sie bei der Tante ihrer Mutter und deren Mann, die keine eigenen Kinder hatten und sich über das kleine Mädchen sehr freuten. Für sie selbst war dieser Familienwechsel ein Gewinn, »denn ich bin so mit vier

Eltern aufgewachsen und machte zugleich Erfahrungen als Einzelkind und als Sandwichkind«. Immerhin hatten ihre leiblichen Eltern noch weitere acht Kinder, so dass »ich beides kennenlernte – mich anzupassen und meiner eigenen Linie zu folgen«. Im Haus des Onkels, der ebenfalls Offizier der Armee war, verbrachte Niemann etliche Stunden lesend auf dem Teppich. »Wir hatten eine große Bibliothek im Keller und ich habe mich lange gewundert, dass es auch Häuser ohne Bibliothek gab. Für mich war es normal, dass ich schon als Kind sehr viel las – alles von Tom Sawyer bis zu einer Biografie von Maria Stuart.«

Große Reichtümer gab es indes weder bei Onkel und Tante noch bei den leiblichen Eltern. »Als wir schon erwachsen waren, hat mein Vater erklärt, dass er in den Fünfzigerjahren eines Tages aufgefordert worden war, ein Militärgericht zu leiten, vor das kommunistische Offiziere gestellt werden sollten. Ihm war klar, dass er diese zum Tode verurteilen sollte, denn schließlich galt die Zugehörigkeit zu einer kommunistischen Gruppe als Landesverrat. Mein Vater lehnte den Vorsitz ab. Er meinte, er würde Menschen nicht umbringen lassen, nur weil sie an eine andere Ideologie glaubten. Er wusste, dass er dadurch nicht in den Genuss finanzieller und beruflicher Privilegien kommen würde. Aber mein Vater meinte, er sei nicht korrupt, und wurde deshalb nicht – wie viele andere Offiziere – reich, aber dafür blieb er seinem guten Gewissen verpflichtet. Schließlich war er gläubig und meinte, sonst müssten seine Ahnen ›bis ins siebte Glied‹ seine Schuld begleichen. Zum Glauben habe ich deshalb bis heute ein positives Verhältnis, da die Werte, die man mir vermittelte, immer mit der Religion begründet wurden. Vielleicht kommt mein Respekt vor anderen Religionen auch daher. Ich hatte zum Beispiel Hochachtung vor den Nonnen, die mir bei meiner späteren Arbeit im Krankenhaus begegnet sind und die sich aufopferungsvoll um die Patienten gekümmert haben.«

Im Alter von vierzehn Jahren zog die Heranwachsende zu ihren Eltern nach Täbriz, der Hauptstadt von Ostaserbaidschan, und »träumte davon, einmal Architektin zu werden. Leider bestand ich nur die Prüfung zur Bauzeichnerin und besuchte deshalb zunächst die Bauzeichnerschule, wo man eine halbakademische Ausbildung bekam.« Nach dem dortigen Abschluss

machte sich Niemann 1970 auf den Weg nach London, wo sie »ein Jahres-
stipendium für ein Praktikum in der ältesten Baufirma Englands bekommen hatte. Ich war dort die einzige Frau in der Zeichnerabteilung und fand
das absolut ungewöhnlich. In meiner Schule waren mindestens die Hälfte
der Studierenden Frauen gewesen, auch von uns drei Stipendiaten waren
zwei Frauen. Im Iran wurde jede Art von Ingenieurswesen gern und oft von
Frauen studiert.« Nach dem Jahr in England wollte die damals 21-Jährige
zurück in den Iran »und sehen, ob es vielleicht jetzt mit dem Architekturstudium klappen könnte«.

Auf dem Weg dorthin machte Niemann Station bei ihrer Schwester in
Berlin, die dort seit einigen Jahren mit ihrem Mann und den zwei Kindern
lebte. »Sie waren zum Studieren nach Deutschland gegangen und hatten
harte Jahre mit viel Arbeit hinter sich, da sie neben der Ausbildung auch
noch Geld verdienen und sich um die Kinder kümmern mussten. Nun war
mein Schwager Oberarzt geworden und alle in der Familie freuten sich,
dass sie es geschafft hatten und die guten Jahre kommen konnten. Doch
mein Schwager eröffnete mir nach einigen Tagen, dass meine Schwester einen Rückfall ihrer Krebskrankheit hatte und man ihr noch drei Monate zu
leben gab.« Die Schwester selbst wusste nichts von ihrem baldigen Tod,
»schließlich denkt man im Iran, dass es besser ist, dem Sterbenden noch ein
möglichst schönes und unbeschwertes Leben zu ermöglichen, viel für ihn
zu tun und ihm keine Sorgen zu bereiten. Nachdem ich sah, dass den neun
und sechzehn Jahre alten Kindern meiner Schwester mein Aufenthalt gut-
tat und auch sie selbst mich bat, zu bleiben, bis sie gesund wäre, entschloss
ich mich dazu, nicht in den Iran zu fliegen.« Bis zum Tod der Schwester ver-
gingen noch eineinhalb Jahre, »bis dahin hatte ich etwas Deutsch gelernt
und auch sonst meine Pläne verändert. Ich wollte nun in Deutschland bleiben. Meine Eltern waren sehr tief getroffen vom Tod ihres Kindes und sagten, ich solle auf gar keinen Fall dort bleiben und sofort zu ihnen kommen.
Da wir mit sehr viel Respekt vor den Eltern erzogen worden waren, und
ich nichts gegen ihren Willen tun wollte, flog ich zurück nach Teheran.«

Ein gutes halbes Jahr später konnte Niemann ihre Eltern davon überzeugen, dass es gut für sie wäre, in die Bundesrepublik zu ziehen. »Ich bin

dann nach Göttingen gegangen und habe beschlossen, Sprachen zu studieren. Ich dachte, wenn ich viele Sprachen kann, finde ich später auch einen ordentlichen Job im Iran. Also habe ich mit einer Dolmetscherausbildung für Deutsch, Persisch und Englisch begonnen. Um Geld zu verdienen, machte ich nebenbei Nachtwachen in einem Krankenhaus und wurde dort Pflegehelferin.« Als Kellnerin zu arbeiten, was ein typischer Studentenjob gewesen wäre, kam für Niemann nicht in Frage, »das galt damals im Iran nicht als angemessene Tätigkeit für eine junge Frau. Mir selbst wäre das egal gewesen, ich wollte aber nicht, dass meine Eltern davon erfahren und sich Sorgen um mich machen.«

Schon eine Woche nach ihrer Ankunft in Deutschland lernte die Iranerin ihren späteren deutschen Mann kennen, »drei Jahre später haben wir geheiratet. Er war sehr angetan von der iranischen Kultur und hat sogar später Iranistik studiert. Ohne dieses starke Interesse, das mir natürlich sehr gefallen hat, wäre vermutlich nie etwas aus uns geworden.« Neben ihrem Mann – von dem sie inzwischen geschieden ist – traf die damals 24-Jährige auch schnell auf iranische Studenten, »die gegen den Schah waren. Ich war zuvor überhaupt nicht politisch engagiert gewesen, das fing erst in Göttingen an.« Bekannt machte sie ihr Engagement auch beim iranischen Geheimdienst, der mehrfach bei ihrer Mutter vorsprach, so dass klar war, dass Niemann nicht in ihre Heimat reisen sollte, wollte sie nicht ins Gefängnis kommen. »Erst 1979, nach der Revolution, bin ich dann zusammen mit meinem Mann wieder nach Teheran gereist.« Ihre sehr schlichte Hochzeit lag da schon eine ganze Weile zurück. »Ich hatte meinem Vater geschrieben, dass ich einen Deutschen kennengelernt habe, der anständig und gebildet ist und der mich liebt. Mein Vater hat mir dann geantwortet, dass ich sicher wisse, was ich tue, und mir viel Glück gewünscht.« Seither fährt die Einwanderin in unregelmäßigen Abständen nach Teheran. »Das letzte Mal war ich im Sommer dort. An der Passkontrolle saß eine Frau, die mit ihrem schwarzen Umhang und Kopftuch sehr streng aussah, dann aber sehr freundlich sagte, ich sei ja zwölf Jahre nicht in der Heimat gewesen. Sie hoffe, dass ich eine gute Zeit erlebt hätte und wiederkehren würde.« Diese unbefangene alltägliche Freundlichkeit vermisse sie manchmal in Deutschland.

Beruflich ging es für die Immigrantin zunächst mit einem Lehramtsstudium weiter. »Ich habe beide Staatsexamen und das Referendariat gemacht, fand dann jedoch keine Anstellung.« Zum einen habe es in den Achtzigerjahren ohnehin eine hohe Lehrerarbeitslosigkeit gegeben, zum anderen täte sich Deutschland schwer mit der Einstellung von Einwanderern in den Schuldienst. »Wir waren beim Examen vier Ausländer: zwei Türken, eine Kolumbianerin und ich. Der einen Türkin hat man angeboten, in Grundschulen Türkischunterricht zu geben, das wollte sie nicht, schließlich hatte sie ihr Staatsexamen im Fach Deutsch mit Eins gemacht und wollte ernst genommen werden. Die Kolumbianerin wurde nicht als Spanischlehrerin angenommen, sondern musste sich an der Schule, wo sie zuvor ihr Referendariat gemacht hatte, mit Salsa-Unterricht ihr Geld verdienen. Der andere Türke bekam schließlich ein Angebot in der Türkei. Keiner von uns vieren hat eine ganz normale Lehrerstelle bekommen. Vielleicht hätten gerade wir als Lehrerinnen und Lehrer mit Migrationshintergrund dafür sorgen können, dass weniger Migrantenkinder ohne Schulabschluss auf der Straße landen.« Niemann selbst ging zunächst in die Erwachsenenbildung und unterrichtete beim Fernmeldeamt Englisch. Darauf folgten zwei Jahre als pädagogische Mitarbeiterin beim Jugendamt und vier Jahre beim niedersächsischen Frauenministerium.

»Dort habe ich zwar viel Verwaltungserfahrung bekommen, bin aber nicht von allen gut behandelt worden. Ich war die am schlechtesten eingestufte Akademikerin im neu gegründeten Ministerium. Zu Anfang hatte ich eine Chefin, die zuvor überhaupt nicht mit dem Themenbereich Ausländerinnen und Asylbewerberinnen in Berührung gekommen war. Ich aber wurde aufgrund meiner beruflichen und persönlichen Erfahrung speziell für diesen Themenbereich ausgesucht. Meine Chefin kompensierte ihr mangelndes Fachwissen durch Kommentare wie: ›Ich verstehe Sie ja gar nicht – Sie haben aber doch ein Examen gemacht, wie haben Sie denn das geschafft?!‹« Pari Niemann, deren Deutsch wohl eher zwischen sehr gut und perfekt anzusiedeln ist, fühlte sich diskriminiert und sah auch ihre inhaltlichen Kompetenzen nicht entsprechend gewürdigt. »Ich wies zum Beispiel meine Chefin darauf hin, dass in einem von ihr angeforderten Gutachten noch viele Fragen offen seien und es nicht vollständig sei. Daraufhin fragte sie mich: ›Woher wollen Sie denn das wissen?‹ Sie sagte mir auch direkt, dass sie mich aufgrund meiner ›Primäridentifikation‹ mit den Themenschwerpunkten für nicht qualifiziert halte. Ich kannte einen solchen Umgang nicht – weder an der Universität noch in meinem Job als Pflegehelferin. Marginalisierung habe ich erst in der höheren beruflichen Laufbahn erlebt. Vielleicht weil dort die Konkurrenz stärker ist und man jede Schwäche der Konkurrentin ausnutzt, um sie zu schlagen. Zu einer Minderheit zu gehören ist nun mal eine gesellschaftliche Schwäche, die oft und gern im Konkurrenzkampf als Instrument gebraucht wird.«

Auch deshalb bewarb sich Niemann 1994 beim NDR auf die Stelle der Gleichstellungsbeauftragten im Landesfunkhaus Niedersachsen. »Damals war Lea Rosh die Funkhausdirektorin. Ich schickte meine Unterlagen ein, hörte drei Monate gar nichts, fragte dann nach und bekam eine Absage. Daraufhin habe ich mich hingesetzt und einen Brief geschrieben, dass ich bedauere, nicht einmal zum Vorstellungsgespräch eingeladen worden zu sein. Schließlich hätte ich mit dem Frauenministerium praktisch im Kreißsaal der Frauenpolitik gearbeitet und sei folglich eine qualifizierte Bewerberin. Leider hätte ich das Gefühl, dass Ausländerinnen jedoch immer auf der Bank sitzen müssten; Gleichstellungs-, Frauen-, Ausländer- und Jugendbeauftragte immer Deutsche seien und man uns nicht einmal kennenlernen wolle.« Auf den Brief gab es auch keine Antwort. Kurze Zeit später jedoch gab es eine Lesung von Frau Rosh in Göttingen, zu der auch Niemann mit einer Freundin ging. »Nach der Lesung standen wir diskutierend herum, bis Frau Rosh plötzlich auf mich zukam und nach meinem Namen fragte. Dann meinte sie, ob ich den ›Klagebrief‹ geschrieben hätte und warum ich denn meinen würde, für die Stelle bei ihr geeignet zu sein. Da habe ich ihr von meinen vier Jahren im Frauenministerium erzählt und konnte an ihrer Reaktion erkennen, dass sie meine Unterlagen überhaupt nicht gelesen hatte. Sie sagte mir, ich solle alles noch einmal schicken, weil die Stelle weiterhin frei sei. Als sie weg war, kam meine Freundin zu mir und fragte, ob sie das nicht gut eingefädelt hätte. Ich wusste nicht, was sie meinte, bis sie erklärte, Frau Rosh vorher im Gespräch gesagt zu haben, sie könne nicht verstehen, warum so eine aufgeklärte, tolerante und offene Frau keine Ausländerin als ihre Gleichstellungsbeauftragte haben möchte.«

Im zweiten Anlauf bekam Niemann die Stelle beim NDR, ihre Funktion als Gleichstellungsbeauftragte übt die studierte Lehrerin, Dolmetscherin und inzwischen auch Kommunikationstrainerin sehr gern aus. »Zu meiner Klientel gehören auch Angehörige von Minderheiten, obwohl ich primär für die Gleichstellung von Männern und Frauen zuständig bin.« Die Form der Diskriminierungen sei heutzutage oft »sehr unterschwellig. Offene Diskriminierung findet kaum statt. Überhaupt ist es im Berufsleben die tägliche Marginalisierung, die wehtut. Aber auch ich selbst erlebe noch hin und wieder Marginalisierungen. Zum Beispiel schrieb ich vor einiger Zeit eine Fünf-Zeilen-Information als E-Mail an sechzehn Menschen eines Netzwerkes. Nur eine von ihnen antwortete dann, sie habe mich ja kaum verstanden, da sei wohl grammatikalisch einiges durcheinandergeraten. Ich habe mir dann die E-Mail angesehen und gemerkt, dass ich anstelle eines ›n‹ ein ›m‹ geschrieben hatte. Das hätte die Verwechslung von Dativ und Akkusativ sein können, ich hatte mich aber schlicht in der Taste geirrt.« Ein anderes Mal wurde in einer Sitzung eine »junge Frau vorgestellt mit den Worten: ›Das ist Frau XY aus Italien. Ich freue mich, dass sie hier ein Traineeprogramm machen wird, weil ich so mein Italienisch mit ihr auffrischen kann.‹ Nach der Sitzung bin ich zu der Frau gegangen und habe gesagt, wie ich mich freuen würde, dass sie hier sei, und gefragt, aus welcher Gegend in Italien sie denn käme. Da erzählte sie, sie stamme aus Hessen und ihre Eltern seien irgendwann mal aus Italien eingewandert. Anstatt also zu sagen: ›Toll, dass Frau XY so gut Italienisch kann!‹, wird sie ihr Leben lang ›die Italienerin‹ bleiben. Das ist sehr enttäuschend, das ist mit keinem allgemeinen Gleichstellungsgesetz wiedergutzumachen!«

Niemann fragt sich auch, warum in Deutschland »eigentlich immer noch kein Migrant und keine Migrantin im Bundes- oder Landeskabinett sitzt? In anderen Ländern geht das doch auch. Man kann nicht die Migrantinnen ständig dafür kritisieren, dass sie nicht qualifiziert genug sind, und dann diejenigen, die qualifiziert sind, ignorieren oder am Aufstieg hindern.« Es gebe aber durchaus auch »viele Menschen in diesem Land, die Vielfalt wollen und sie als eines der Prinzipien der Demokratie sehen. Diese Menschen sind die natürlichen Bündnispartner der qualifizierten Menschen mit Migrationshintergrund und müssen auch von ihnen wahrgenommen und angesprochen werden. Überhaupt, die Migrantinnen selbst sollten im Berufsleben viel offensiver sein und mehr kämpfen.« Sie selbst habe viele Zuwanderinnen protegiert. »Die Frauen, die bei mir ein Praktikum gemacht haben, hatten alle entweder einen Migrationshintergrund oder lange wegen der Elternzeit pausiert. Sie haben später alle eine Anstellung bekommen – Hartz IV bekommt keine!« Ihre eigenen Kinder sind inzwischen aus dem Haus und gehen ihren beruflichen Weg. »Der Älteste ist Einzelhandelskaufmann und zieht jetzt nach Österreich, um dort eine neu gegründete Filiale zu übernehmen. Der Zweite studiert Kommunikationswissenschaft und der Jüngste ist Koch und bildet sich auch schulisch weiter.«

Von den Zuwanderinnen in Deutschland wünscht sich Pari Niemann, dass »erstens Schluss ist mit dem Selbstmitleid. Selbstmitleid ist das Schlimmste überhaupt. Zweitens sollte man auch mal an sich selbst zweifeln, denn der Zweifel ist nach Peter Ustinov der ›erste Schritt zum Fortschritt‹. Und drittens muss man realistisch sein und begreifen, das wenn eine Frau mit nichtdeutscher Herkunft was erreichen will, sie immer besser sein muss als ein Mann und als eine deutsche Frau. Das ist bitter, aber wahr!« Auch auf ihrem eigenen Weg hätten viele Steine gelegen, die »ich mit Geduld, Gelassenheit und Ausdauer zur Seite geräumt habe; dabei wurde ich jedes Mal besser. Wenn man seine eigenen Kräfte realistisch einschätzt, kann man seine selbstgesteckten Ziele erreichen.« Sie hat noch lange nicht alle ihre Ziele erreicht, glaubt aber an ein irisches Sprichwort, das besagt: »*God made the time and he made a plenty of it!*«

Bettina Öner

Polizeikommissarin (Arbeitsgebiet Ausländer)

Schon als Kind wollte Bettina Öner Polizistin werden, »das hatte ich mir sehr aufregend und vielfältig vorgestellt«. Nicht Akten von links nach rechts zu stapeln oder als Verkäuferin den Menschen nur in einem kleinen Ausschnitt des Lebens zu begegnen, war das Ziel. Stattdessen wollte Öner »raus und das Leben in seiner ganzen Bandbreite kennenlernen«. Einige Facetten der Welt hatte die Polizistin allerdings schon während ihrer Kindheit und Jugend gesehen. »Meine Mutter war als Gastarbeiterin nach Deutschland gekommen und hatte hier meinen Vater getroffen.« Ganz einfach war diese damals noch ungewöhnliche Kombination aus türkischer Frau und deutschem Mann nicht zu leben gewesen. Die durchsetzungsfähige Mutter brachte jedoch nicht nur ihrem Mann Türkisch bei, sondern arbeitete auch nach der Geburt Bettinas und ihres kleinen Bruders weiter. »Unsere Eltern hatten nicht sehr viel Zeit für uns und zu wenig Geld für eine Fremdbetreuung. Also sind wir als Kinder viel in der Türkei bei den Großeltern gewesen, immer mal ein halbes Jahr dort, dann wieder drei Monate hier.«

Eingeschult wurde Öner in Deutschland, »aber meine Eltern überlegten lange, ob sie nicht zusammen in die Türkei gehen sollten«. Ein paar Jahre später schien der Entschluss gefasst, »ich bin dann mit zwölf Jahren zusammen mit meiner Mutter in die Türkei gegangen und habe dort die siebte Klasse besucht. Eigentlich war geplant, dass mein Vater und mein Bruder ein Jahr später nachkommen, aber dann trennten sich meine Eltern, so dass ich wieder mit meiner Mutter in Berlin lebte.« In der Türkei zu bleiben hätte sich für die Mutter als geschiedene Frau mit zwei Kindern zur damaligen Zeit sehr schwierig gestaltet.

Zurück in Berlin machte Öner 1989 die mittlere Reife und begann ihre Ausbildung bei der Polizei. Nach dem Abschluss ging es auf eine Dienststelle nach Neukölln. »Ich wollte gerne in ein Gebiet, wo viele Türken leben, damit ich meine Sprachkenntnisse anwenden kann.« Drei Jahre war sie dort als Streifenpolizistin in Uniform tätig, bis sich ihr eine weitere Karrierechance bot. »Ich bin zur AGA, dem Arbeitsgebiet Ausländer, gegangen und von dort aus noch einmal zur Schule – ich musste Prüfungen machen und kam so in den gehobenen Dienst.«

1995 fing sie in dem großen Backsteingebäude im Berliner Stadtteil Kreuzberg mit der Präventivarbeit an und schätzt vor allem die hiesigen Möglichkeiten. »Auf dem Abschnitt vorher hatte ich nur mit repressiven Maßnahmen bei Migranten zu tun – also bei der Aufklärung von Straftaten und Ähnlichem. Bei der AGA haben wir hingegen viel Kontakt zu Migrantenvereinen und können tätig werden, bevor etwas passiert.« Transfer interkultureller Kompetenz (TIK) nennt sich der Aufgabenbereich, in dessen Umfeld Öner mit ihren Kollegen zum Beispiel andere Dienststellen im Umgang mit Migranten schult, aber auch direkt zu den Vereinen in ihrem Stadtteil fährt. »Das ist ein längerer Prozess, der hier in Berlin schon vor fast dreißig Jahren anlief und in meinen Augen sehr erfolgreich ist.« Denn durch dieses frühzeitige Eingreifen bzw. straftatenunabhängige Auftreten der Polizei werden viele Konflikte entschärft, bevor sie sich voll entwickeln können. Man besucht sich regelmäßig und erzählt, was für Veranstaltungen geplant sind, welche Themen gerade bei der Polizei und den Vereinen im Vordergrund stehen. »Wir vermitteln zum Beispiel auch Verkehrssicherheitstrainings für die Kinder dieser Vereine oder organisieren Vorträge zu Themen wie ›Wie schütze ich mein Kind davor, Opfer einer Straftat zu werden oder selbst eine Straftat zu begehen‹. So lernen uns die Zuständigen der Vereine und deren Mitglieder kennen und schätzen. Wenn es dann einmal zu Konflikten kommt, besteht bereits eine persönliche Ebene, die frühes Eingreifen oder auch Schlichten möglich macht.« Denn schließlich, so die Kommissarin, hätten ja auch die Migranten ein großes Interesse an einem friedlichen Miteinander, manchmal scheitere dies nur an der fehlenden Verständigung.

Sie selbst kommt mit ihrer Rolle als Polizistin in diesem Umfeld gut zurecht. »Es kommt nur selten vor, dass jemand negativ reagiert und fragt: ›Was will denn eine von uns auf der anderen Seite?‹ Im Gegenteil, die meisten sind erfreut, gerade solche Türken, die Schwierigkeiten haben, sich auf Deutsch auszudrücken, und stellen erleichtert fest, dass sie mit mir in ihrer Muttersprache reden können.« Ihre bikulturelle Herkunft ist für Öner also ein Vorteil, immerhin hat sie den Umgang mit verschiedenen Kulturen und Sprachen schon von klein auf gelernt. »Ich bin froh, diese Fähigkeiten jetzt in meinem Beruf sinnvoll einsetzen zu können.« Beispiele gäbe es viele, im Kleinen wie im Großen. So erzählt sie, wie es in früheren Jahren beim Ende des Fastenmonats Ramadan immer zu einem Verkehrschaos im Umfeld der großen Moschee am Columbiadamm gekommen sei. »Viele haben dort einfach ihre Fahrzeuge verkehrswidrig geparkt, weil sie keinen Parkplatz fanden und zum Feiertagsgebet wollten. Dann gab es Ärger, weil sie natürlich Strafzettel kassierten.« Aufklärung konnte hier durch offensive Hinweise auf die öffentlichen Verkehrsmittel erreicht werden, gleichzeitig zeigte die Polizei Toleranz, in dem sie tageweise einen zweiten Parkstreifen genehmigte.

Manchmal reichen solche Schritte jedoch nicht, wie die Kommissarin erzählt: »Bei uns rief einmal eine deutsche Mutter an, deren Sohn mit einem Mädchen zusammen war, das zwangsverheiratet werden sollte. Das Mädchen war geflüchtet und hielt sich zusammen mit seinem Freund in der Wohnung der Mutter auf. Diese hatte Angst, weil es schon diverse Drohungen gegeben hatte.« Die Polizistin rief bei mehreren Vereinen an, bis sie eine Schlichtungsgruppe zusammengestellt hatte, der es gelang, die Eltern des Mädchens davon zu überzeugen, dass ihre Tochter sich ihren Lebenspartner selbst aussuchen dürfe. »Das war ein schöner Erfolg und ein Beweis dafür, dass reger Kontakt zu Vereinen oft verhindern kann, dass man überhaupt zu polizeilichen Maßnahmen greifen muss.«

Öner selbst ist mit einem Deutsch-Türken verheiratet und hat eine Tochter. Mit der ebenfalls in Berlin lebenden weitläufigen Verwandtschaft ihres Mannes spricht sie Türkisch. »Und im Gegensatz zu vielen Türken, die hier aufgewachsen sind und nie im Heimatland der Eltern zur Schule gegangen sind, habe ich auch keinen Akzent«, erklärt sie stolz. Vielleicht wird sie zumindest ihre gemischte Herkunft in Zukunft mit mehr Polizistinnen teilen. »Wir werben gezielt um Migranten und nehmen auch oft Bewerbungsunterlagen mit zu den Vereinen. Viele sagen, dass sie Interesse an einem Job bei der Polizei hätten. Wie viele sich dann aber wirklich im Bewerbungsverfahren und bei der anschließenden Ausbildung durchsetzen können, muss sich erst noch zeigen.« Insgesamt sieht die Kommissarin die Zukunft des Migrationslandes Deutschland optimistisch: »Nicht nur die Behörden öffnen sich, auch politisch ist einiges geschehen, was ich für sinnvoll halte, zum Beispiel die Sprachschulen für Einwanderer oder die Heraufsetzung des Nachzugsalters für Ehefrauen.« Nicht zuletzt zeige auch ihre Arbeit bei der Polizei immer wieder positive Resultate, »und so behaupte ich immer, dass es doch klappen muss mit einer gemeinsamen Zukunft«!

Nilgün Özel

Unternehmerin (Özel Agentur für Design & Marketing)

1960 wurde Nilgün Özel in der Türkei geboren, sechs Jahre später kam sie nach Deutschland. »Mein Vater war Produktions- und Abteilungsleiter einer Zementfabrik. Finanziell ging es uns also nicht schlecht, es war aber immer sein Wunsch gewesen, zu studieren. Meine Großeltern hatten sechs Kinder und nur meinem Vater und einem weiteren Bruder konnten sie eine Ausbildung ermöglichen – den Traum vom Studium jedoch nicht. Als die Anwerbeverfahren für Deutschland liefen, überlegte mein Vater sich deshalb, in die Bundesrepublik zu gehen, damit zumindest seine Kinder einmal Akademiker werden konnten.«

Ihre Ankunft in Marsberg im Sauerland hat Özel noch heute als Schock in Erinnerung. »Es kam mir alles sehr kalt und ungemütlich vor.« Auch die Wohnung vermittelte ihnen nicht das Gefühl eines herzlichen Empfangs, »sie war klein und hatte weder Bad noch Heizung«. Da die Familie im Oktober ankam, hatte das Schuljahr bereits begonnen. »Es hieß dann, nun lohne es sich nicht mehr, mich noch einzuschulen. Also ging ich erst im darauffolgenden Sommer auf die katholische Grundschule im Ort.« Ihr muslimischer Glaube habe dort keine Rolle gespielt, »man redete nur über ›die Evangelen‹. Die hatten eine eigene Schule und keiner wollte mit denen zu tun haben oder mit ihnen spielen.« Özels Eltern hatten mit dem katholischen Umfeld ihrer Tochter hingegen keine Schwierigkeiten. »Meine Mutter kommt aus einer gläubigen Großfamilie. Es war für sie deshalb auch kein Problem, am Tag der Einschulung mit mir in die Kirche zu gehen und zu beten. Für sie war es wichtig, dass man überhaupt betet.«

An besondere Probleme während ihrer Schul- und Ausbildungszeit kann sich Özel nicht erinnern. »Das kann auch mit meiner Einstellung zu tun haben. Wenn ich zum Beispiel in ein Geschäft gehe und die Kassiererin ist sehr unfreundlich, dann überlege ich, warum das so ist: Habe ich mich vielleicht selbst falsch verhalten? Ist die Frau einfach schwierig? Oder ist es wirklich Ausländerfeindlichkeit? Andere vermuten hinter jedem individuellen Erlebnis gleich eine generelle Ablehnung.« Geholfen habe ihr dabei vielleicht auch, dass sie in einer Kleinstadt aufgewachsen ist, »in der die Ghettoisierung nicht so stark ist. Wenn jemand nichts mit einem zu tun haben will, gibt es nicht gleich eine Gruppe, die behauptet, das liege an der Ausländerfeindlichkeit.« Özel kam nach der Grundschule zunächst auf die Realschule und machte dann eine Ausbildung zur physikalisch-technischen Assistentin. Anschließend folgten das Fachabitur und der Beginn eines Physikstudiums in Paderborn. »Aber das fand ich langweilig. Ich hatte Jahre in der Praxis gearbeitet, so dass mir die trockene Theorie nicht mehr gefiel.«

Computer hatten es der Studentin hingegen angetan, so dass sie kurzerhand in den Fachbereich Wirtschaftswissenschaften und Informatik wechselte. »Dort habe ich meinen Mann kennengelernt, der ebenfalls aus der Türkei stammt. 1984 heirateten wir, ein Jahr später wurde unser Sohn geboren.« Nach dem Abschluss des Studiums begann die Computerspezialistin der ersten Stunde zunächst, Fortbildungskurse in EDV zu geben. »Nach einem halben Jahr bin ich dann bei der Firma Nixdorf eingestellt worden und habe dort im Bankenmarketing gearbeitet. Ich war zuständig für die Dokumentation.« Schließlich hatte sie sich schon in ihrer Diplomarbeit mit den neuen Möglichkeiten der EDV-Informationsverarbeitung beschäftigt und kannte dadurch »alle Grafikprogramme und konnte vom Layout über das inhaltliche Zusammentragen bis hin zur Strukturierung alles erledigen«.

Nach eineinhalb Jahren kam es zu Umstrukturierungen innerhalb des Unternehmens, »das mit Siemens eine Kooperation einging und die Abteilungen umorganisierte. Eine andere Stelle innerhalb der neuen Organisation wollte ich nicht annehmen, da ich mit dem Gedanken spielte, mich selbständig zu machen.« Zunächst arbeitete sie von zu Hause aus unter dem Namen ihres Mannes, »denn mir fehlten ein paar Monate sozialversicherungspflichtiger Tätigkeit, um selbst eine Firma gründen zu können. Zwar war ich damals schon fünfundzwanzig Jahre in Deutschland, das reichte aber der Behörde nicht, da ich ja in der Zwischenzeit studiert hatte – Zeiten, die mir nicht angerechnet wurden.« Die deutsche Staatsbürgerschaft hat Özel bis heute nicht, »ich würde sie sehr gerne annehmen, finde es aber unfair, dass es keine doppelte Staatsbürgerschaft gibt und ich meinen türkischen Pass dann abgeben müsste. Ich fühle mich zwar einerseits als Deutsche, andererseits aber auch als Türkin, so dass ich mich nicht von meiner Heimat lossagen will.«

Von dem kleinen Büro in der Anliegerwohnung ging es ein Jahr später in Firmenräume des Paderborner Technologieparks und »ich bekam auch den Stempel in den Pass, ab jetzt selbständig arbeiten zu dürfen, und konnte die Firma unter meinem Namen anmelden«. Was mit einer Festangestellten und einer studentischen Hilfskraft begann, ist inzwischen zu einem Unternehmen mit fünfundzwanzig Festangestellten geworden. »2000 haben wir dann unser eigenes Gebäude mit 1500 Quadratmeter Bürofläche errichtet. Ein Drittel der Fläche nutzen wir selbst, die anderen zwei Drittel sind vermietet.« Seit gut zehn Jahren arbeitet auch ihr Mann bei der »Özel Agentur für Design & Marketing GmbH«. »Er war erst halbtags tätig, weil unser Sohn damals viel Aufmerksamkeit brauchte. Mein Mann ist deshalb immer mittags nach Hause gefahren, hat für den Jungen gekocht und ihn betreut.« Inzwischen ist der gemeinsame Sohn jedoch erwachsen geworden und studiert, so dass Özels Mann jetzt ebenfalls in Vollzeit im Unternehmen beschäftigt ist.

Daneben hat das Ehepaar neuerdings auch einige ungewöhnliche Verpflichtungen: »Hier ist der Schützenverein eine sehr wichtige Institution, ungefähr so wie der Karnevalsverein in Köln. Zum Schützenfest gehört das Schützenfrühstück am Montag. Da ich selbst 1971 in Marsberg Kinderschützenkönigin geworden bin, habe ich meinem Mann vorgeschlagen, er solle doch mal zum Schützenfrühstück gehen. Er ist in Göttingen aufgewachsen, kannte das nicht und hatte anfangs eigentlich auch keine rechte Lust.« Die kam jedoch nach dem ersten gemeinsamen Treffen, so dass Emin Özel Mitglied des Schützenvereins wurde. »2006 bat der Schützenverein uns, eine Kampagne zu gestalten, welche die Schützen unter Neubürgern bekannter machen würde und sie zum Eintritt motivieren könnte. Wir schlugen einen

Slogan vor, von dem ich keine Aussicht auf Erfolg erwartete: ›Wir haben 'nen Vogel und wir stehen dazu!‹ Diesen Werbeslogan machten wir unter anderem durch Aufdrucke auf Zuckertütchen öffentlichkeitswirksam bekannt. Und der Slogan kam in der Bevölkerung gut an!«

Als Lohn für die Schützenhilfe wurde das Ehepaar als Ehrengast zur Jahresfeier eingeladen, »wo mein Mann eine Joppe geschenkt bekam und man ihm einen Orden überreichte«. Ein Jahr später wurde Emin Özel gefragt, ob er sich nicht vorstellen könne, Schützenkönig zu werden – schließlich könne das doch ein wichtiges Signal für Integration sein. Also wurde Özel neben diversen anderen Schützen zum Schuss auf den Vogel nominiert – und holte ihn zur allgemeinen Überraschung sofort herunter. »Im Jahr davor hatte es noch knapp hundert Schuss benötigt, dieses Jahr fiel der Vogel nach nur zehn Anläufen.« Auch die erhoffte Signalwirkung sei nicht ausgeblieben, »ich weiß allein von drei muslimischen Ausländern, die jetzt ebenfalls eintreten wollen«.

In Vereinen mitzuarbeiten, hält Özel überhaupt für sehr wichtig. »Die Migranten und Migrantinnen sollten sich mehr einbringen, indem sie sich zum Beispiel mehr in Kammern engagieren. Ich habe zwar einen sehr vollen Terminkalender, folge Einladungen dennoch nach Möglichkeit. Wenn dort einmal etwas Negatives über Ausländer gesagt wurde, habe ich das Wort ergriffen und an den Äußerungen Kritik geübt. Nur so hat man die Chance, sich einzubringen und das Umfeld zu verändern – diese Chance gibt es nicht, wenn man stattdessen abends vor dem Fernseher sitzt und sich über die angebliche Ausländerfeindlichkeit der Deutschen aufregt.« Die Unternehmerin selbst ist seit 2002 Mitglied der Paderborner Mittelstandsvereinigung. »Verantwortliche der Mittelstandsvereinigung riefen im Herbst 2001 bei uns an und erklärten, sie suchten den Dialog mit einer Firma unter ausländischer Führung. Nach einem Besuch meiner Firma mit Präsentation und Diskussion bot man mir an, für den Beirat der Mittelstandsvereinigung zu kandidieren.« Özel wollte und gehörte seither zur repräsentierenden Wirtschaftselite der Stadt.

Dass sie Muslimin sei, stand ihr dabei nie im Weg. »Ich werde immer wieder darauf angesprochen. Oft kommen auch persönliche Fragen, weil ich kein Schweinefleisch esse und keinen Alkohol trinke. Es sind unerwartet viele Menschen bereit, Rücksicht darauf zu nehmen. Wenn zum Beispiel ein Schweinebraten auf dem Programm steht, wird für mich und meinen Mann immer eine Schale mit Geflügelgeschnetzeltem oder etwas anderem hingestellt, was wir essen können. Und ein Mineralwasser oder ein alkoholfreies Bier zu bekommen, ist nie ein Problem.«

Zudem stellt die 47-Jährige erfreut fest, dass ihre Herkunft inzwischen oftmals keine Rolle mehr spielt. »Ich bin zum Beispiel gefragt worden, ob ich einen Beitrag für ein Buch ›Paderborner Impulse‹ schreiben wolle. Daraufhin habe ich nachgefragt, ob ich über Ausländer in Paderborn schreiben solle. Der Herausgeber war überrascht und erklärte: ›Natürlich nicht – Sie sollen aus der Marketingperspektive zur neuen Imagekampagne der Stadt Stellung nehmen!‹ Ein Jahr später fragte mich ein hier bekannter Unternehmer, ob ich mir vorstellen könne, mich im Vorstand der Bürgerstiftung Paderborn zu engagieren. Auch in diesem Falle fragte ich, ob ich in der Bürgerstiftung die Ausländer vertreten solle, woraufhin er mir kopfschüttelnd erklärte, mich als Unternehmerin gefragt zu haben. Seitdem weiß ich, dass ich hier integriert bin und nicht mehr in erster Linie als Ausländerin, sondern als Firmenchefin angesehen werde.«

Sollte in anderen Kreisen doch einmal das Thema auftauchen, weiß sich Özel schnell zu helfen. »Wenn jemand generell ausländerfeindlich ist, dann hab ich gar keine Lust, mit ihm zu reden. Wenn also zum Beispiel jemand sagt: ›Oh, Sie kommen aus der Türkei – da hätte ich aber Angst hinzufahren!‹, antworte ich nur, ›Umso besser, dann haben wir dort einen ungebildeten Touristen weniger!‹« Von den Migranten wiederum erhofft sich die engagierte Unternehmerin »die Bereitschaft, sich auf diese Gesellschaft einzustellen. Wirklich gute Deutschkenntnisse müssen vorhanden sein, das steht für mich außer Frage. Auch die Bildung der Kinder ist extrem wichtig. Man darf sie nicht erst verwahrlosen lassen und sich anschließend wundern, wenn es Probleme gibt.« Mit dem richtigen Engagement und Einsatz sei vieles möglich. Auch mit ihrem eigenen Unternehmen bemüht sie sich, »Jugendliche, die sonst auf dem Arbeitsmarkt keine Chance hätten, zu integrieren. Wir sind in einem mit öffentlichen Stellen verbundenen Praktikumsprogramm und nehmen auch Jugendliche an, die wir nach ihren Voraussetzungen sicher nicht in unseren Betrieb aufgenommen hätten. Wir vermitteln ihnen Verhaltensregeln und die Grundlagen der Arbeitswelt. Zwei ehemalige Praktikanten haben wir sogar schon als Auszubildende übernommen.« Sie selbst habe immer an das geglaubt, was sie vorhatte, und sei ihren Weg gegangen. »Unterwegs habe ich mir Verbündete gesucht und Hände, die mir helfen wollten, nicht ausgeschlagen – denn auch Unterstützung gibt es hier viel!«

Die Unternehmerin wird inzwischen bundesweit zu Tagungen und Podiumsdiskussionen eingeladen, bei denen sie darauf hinweist, ihren Nachnamen absichtlich in den Firmennamen geschrieben zu haben: »Ich will, dass jeder sofort weiß, mit wem er es zu tun hat« – mit einer bikulturellen Selfmadefrau!

Aygül Özkan

Niederlassungsleiterin TNT Post Regioservice

Aygül Özkans Vater kam 1963 nach Deutschland. »Der Familie meines Vaters war es eigentlich in der Türkei nicht schlecht gegangen, sie hatten ein gutlaufendes Schneideratelier in Ankara, das schon mein Urgroßvater begründet hatte. Aber der beste Freund meines Vaters wollte nach Deutschland und fragte ihn, ob er nicht mitwolle, um mal ein kleines Abenteuer zu erleben.« Die Reiselust war geweckt, so dass Özkans Vater nach Hamburg kam und zunächst fünf Jahre im Lager der Deutschen Post arbeitete. »Fünf Jahre Arbeit bei dem anwerbenden Unternehmen waren damals Pflicht. Danach konnte man zu einem anderen Betrieb gehen oder sich selbständig machen. Mein Vater hat 1968 die erste Chance genutzt, seine eigene Schneiderei zu eröffnen, und gleich danach holte er meine Mutter nach Deutschland. 1970 wurde dann meine Schwester geboren und ein Jahr später kam ich zur Welt.«

Nach dem Kindergarten und der Grundschule empfahl man mir, zur Realschule zu gehen. »Auch meine Schwester hatte schon sehr gute Noten gehabt und trotzdem eine Empfehlung zur Realschule bekommen. Nach zwei Jahren dort war sie auf das Gymnasium gewechselt. Mein Vater überlegte nun, ob er sich bei mir überhaupt an die Empfehlung halten sollte. Er war im Elternbeirat und kannte sich mit dem Schulsystem aus – schon bei unserer Einschulung war ihm eigentlich klar gewesen, dass wir Kinder das Abitur machen sollten. Also sprach er mit den Lehrern und schickte mich direkt aufs Gymnasium.« Dass es für beide Schwestern keine entsprechende Empfehlung gegeben habe, erklärt sich Özkan heute mit der Einstellung vieler Lehrer: »Die gingen davon aus, dass türkische Familien ohnehin bald wieder zurück in ihre Heimat gehen, weshalb es für die Kinder besser sei, überhaupt irgendeinen Abschluss zu haben. Dass türkische Eltern für ihre Töchter das Abitur und ein Studium anstreben, war ihnen völlig fremd.« Als ihr Vater bei zwei Gymnasien für seine Tochter vorsprach, waren die Schulleiter entsprechend verwundert und wiesen ihn darauf hin, »dass ein Schulbesuch hier weitere neun Jahre dauern würde. Es blieb dabei, denn er hatte immer den Traum gehabt, selbst zu studieren. In der Türkei musste er jedoch gleich nach der Schule im Familienbetrieb arbeiten und deshalb sah er in Deutschland für seine Kinder die Chance, eine wirklich gute Ausbildung zu bekommen. Gott sei Dank hat er sich gegenüber den Lehrern und Schulleitern durchgesetzt!«

Die Leistungen seiner Kinder beobachtete der Vater in den kommenden Jahren aus denkbar günstiger Position. »Er hatte seine Schneiderei gleich auf der anderen Straßenseite der Schule. Viele der Lehrer waren seine Kunden, so dass er sich immer mit ihnen austauschen konnte, was gerade so anlag und was seine Kinder machten.« Auch zu Hause sollte Bildung für die Töchter stets Vorrang haben. »Viele türkische Familien bekommen ja sehr viel Besuch, da ist immer viel los und wenig Ruhe. Das gab es bei uns nicht, mein Vater meinte, die Hausaufgaben gingen vor.« Dem eigenen sozialen Leben der Kinder stand jedoch nichts im Weg. »Meine Eltern waren sehr liberal, sie kamen ja aus der Großstadt. Ich habe früh angefangen zu jobben, um mein eigenes Geld zu verdienen, und bin dann mit siebzehn zusammen mit meiner Schwester das erste Mal alleine in den Urlaub gefahren. Auf Klassenfahrten zu gehen oder abends Mitschüler zu besuchen, war kein Problem. Allerdings hat mein Vater uns immer um Mitternacht abgeholt, was allerdings eher daran lag, dass wir junge Frauen waren, nicht dass meine Eltern Türken sind.«

Die Entscheidung für das Gymnasium erwies sich als richtig. »Ich habe mit einem Durchschnitt von 1,6 mein Abitur gemacht und später auch mal meine Grundschullehrerin darauf angesprochen, dass ihre Einschätzung wohl doch nicht ganz richtig war. Probleme hatte ich als Migrantin in der Schule zunächst gar nicht, was sich Ende der Achtzigerjahre etwas änderte.« Damals kam es im ganzen Bundesgebiet zu diversen fremdenfeindlichen Übergriffen, unter anderem starben im schleswig-holsteinischen Mölln vier türkische Frauen und Kinder bei einem Brandanschlag. »Da gab es in der Schule viele Diskussionen und man sagte mir immer dazu: ›Wir meinen ja nicht dich, Aygül, wenn wir von den Ausländern reden.‹ Dann habe ich gefragt, ›Was heißt denn, ihr meint nicht mich? Wenn ihr mich nachts auf der Straße seht, erkennt ihr doch gar nicht, wen ihr vor euch habt, ob derjenige also zum Beispiel fließend Deutsch spricht und schwer arbeitet. Da geht es nur nach dem Äußeren.«

Nach dem Abitur begann Özkan 1990 Rechtswissenschaften an der Universität in Hamburg zu studieren. »Nebenbei habe ich beim NDR gearbeitet und war Redaktionsassistentin beim Hamburger Journal ›Vor Ort‹. Das waren zwei Welten nebeneinander, morgens ging ich zum Sender, dann zur Uni und abends wieder zum Sender. Auf der einen Seite also das Studentenleben, auf der andern das harte Geschäft um Geld, Prestige und Einschaltquoten.« Zweieinhalb Jahre blieb sie beim NDR, dann wurde der Druck des nahenden Examens zu groß, »und ich konzentrierte mich aufs Studium. Zu meiner Zeit war gerade der Freischuss eingeführt worden, man konnte nach dem achten Semester die Prüfung versuchen und sie bei Nichtbestehen ohne Konsequenzen wiederholen.« Özkan bestand auf Anhieb und machte anschließend ihr Referendariat mit Stationen beim Europäischen Parlament in Brüssel und der Handelskammer in Hamburg. »Während des Referendariats habe ich gesehen, dass ich für den öffentlichen Dienst mit seiner Bürokratie nicht geeignet bin. Auch der Anwaltsberuf schien mir nicht erstrebenswert, schließlich hat man als Frau in großen Kanzleien nur schlechte Aufstiegschancen und allein zu arbeiten macht mir wenig Spaß – ich bin Teamworkerin. Außerdem steht man als Anwalt immer am Ende der Kette und löst den Fall. Ich wollte aber mitten im Geschehen sein, also da, wo das Verbrechen geschieht!«, lacht Özkan.

»Mittendrin« bedeutete also den Einstieg in die Welt der Ökonomie. Folglich begann die junge Juristin nach dem zweiten Staatsexamen 1998 ein Traineeprogramm für Nachwuchskräfte bei der Deutschen Telekom. »Damals begann gerade die Marktliberalisierung, das war für mich ein sehr spannendes Arbeitsfeld. Nach meiner Ausbildung wurde ich Managerin im Geschäftsbereich Regulierung der Telekom. Dort haben wir die Netzzusam-

menschaltungen der neuen Netzbetreiber betreut und mussten Vertrags-
verhandlungen auf Geschäftsführerebene führen. Für mich war das auch
deshalb ein interessantes Gebiet, weil ich nebenbei sehr viel über die nöti-
gen technischen Voraussetzungen lernen musste.« Nach vier Jahren jedoch
»konnte ich die Arbeit aus dem Effeff und brauchte eine neue Herausforde-
rung«.

Diese sollte jedoch möglichst wieder in Hamburg sein,»denn ich hatte
inzwischen geheiratet. Mein Mann und ich lernten uns in der Türkei kennen, er hatte dort Medizin studiert. Dann ist er nach Deutschland gekommen, hat hier seinen Facharzt gemacht und sich mit einer Praxis niederge-
lassen. Außerdem war unser Sohn gerade geboren worden, ein Umzug
schien mir also nicht ratsam.« Özkan blieb vorerst im Bereich Telekommu-
nikation und wurde 2004 Leiterin des Geschäftskundenvertriebs von T-Mo-
bil für Norddeutschland. Als dann 2006 eine Niederlassung des TNT Post
Regioservice in Hamburg gegründet wurde, bewarb sich die Juristin für die
Niederlassungsleitung. Seither ist sie verantwortlich für vierhundert Mitarbeiter und froh, ihren »Pioniergeist einsetzen zu können und etwas ganz
Neues aufbauen zu können. Jeden Tag mache ich hier neue Erfahrungen
und kann mit meiner Arbeit etwas voranbringen.«

Dieser Pioniergeist brachte die engagierte Geschäftsfrau auch dazu,
mehrere ehrenamtliche Projekte anzugehen und erfolgreich voranzutrei-
ben. »1998 habe ich die Arbeitsgemeinschaft türkischer Unternehmer [ATU]
und Existenzgründer mitbegründet und bin inzwischen deren Vorsitzende.
Mir war aufgefallen, dass Migranten in der Handelskammer unterrepräsen-
tiert sind und dort offenbar nicht die Informationen suchen oder bekommen, die sie benötigen. Mit der ATU ist es uns jetzt gelungen, nicht nur einen Ansprechpartner für türkischstämmige Geschäftsleute zu schaffen,
sondern auch dem ökonomischen Leben der Hansestadt insgesamt einen
Schub zu geben.« So gelang es Özkan und ihren Mitstreitern, viele türkische Unternehmen als Ausbilder zu gewinnen. »Jedes Jahr werden durch
diese Initiative etwa zweihundert Lehrstellen für Jugendliche mit Migrationshintergrund geschaffen, die sonst vermutlich ohne Ausbildung bleiben
würden.« Kritik an dem Projekt, es verstärke die Tendenz zur Bildung von

Parallelgesellschaften, kontert die dynamische Juristin sofort: »Ich denke doch, es ist erst einmal wichtig, dass diese jungen Menschen überhaupt etwas lernen und die Chance bekommen, auf dem Arbeitsmarkt Fuß zu fassen. Ob das nun innerhalb eines türkischen oder deutschen Unternehmens ist, sollte zunächst nebensächlich sein. Zugang zu Arbeit zu haben, bedeutet, sich einlassen zu müssen auf das System, auf seine Kollegen, auf die Sprache. Teilhabe ist deshalb in meinen Augen sehr wichtig und gerade Jugendliche müssten viel stärker in Arbeitsprozesse einbezogen werden.« Das neueste Projekt der Arbeitsgemeinschaft ist auf die Schaffung zusätzlicher sozialversicherungspflichtiger Arbeitsplätze ausgerichtet. »Wir versuchen, die illegale Beschäftigung zurückzudrängen und den Beschäftigten die Möglichkeit eines Zugangs zur Renten- und Krankenversicherung zu eröffnen.«

Dass Özkan sich überhaupt die Zeit für ehrenamtliches Engagement nimmt, begründet sie mit ihrer eigenen Biografie: »Ich habe eine sehr gute Ausbildung bekommen, viele Jugendliche haben diese Chance nicht. Also möchte ich etwas von meinen Möglichkeiten weitergeben.« Deshalb ist die 36-Jährige außerdem Mitglied im Hamburger Integrationsbeirat sowie stellvertretende Vorsitzende des CDU-Landesfachausschusses Wirtschaft und Arbeit und wird bei den kommenden Bürgerschaftswahlen im Frühjahr 2008 für die CDU antreten. Denn verändert werden müsse auch von politischer Seite viel, findet Özkan. »Die Sprachausbildung sollte auf jeden Fall viel früher einsetzen, weshalb ich flächendeckende Kindergartenplätze für sehr wichtig halte.« Auch in ihrem hauptsächlichen Tätigkeitsfeld, der Wirtschaft, erhofft sich die Geschäftsfrau ein Umdenken. »Ich wünsche mir, dass die Unternehmen ihre Auswahlverfahren dahingehend überprüfen, dass Migranten nicht von vornherein durch ein Raster fallen und keine Chance bekommen, sich in einem Bewerbungsgespräch zu präsentieren. Viele Personalchefs sehen zum Beispiel bis heute einen ausländischen Namen und schließen den Kandidaten deshalb aus. Wichtig wäre es, die Kompetenzen des Bewerbers in den Vordergrund zu stellen.« Von ihren eigenen vierhundert Mitarbeitern haben fünfzig Prozent einen Migrationshintergrund und stammen aus sechzehn verschiedenen Nationen.

Wie sie selbst es geschafft hat, in so kurzer Zeit eine steile Karriere zu machen, erklärt Özkan mit ihrem Ehrgeiz und dem unbedingten Willen, etwas zu schaffen. »Ich habe mir früh Ziele gesetzt und dann daran gearbeitet, sie auch umzusetzen. Ich denke, dass man als Frau mit einem Migrationshintergrund doppelt so viel leisten muss, um in eine Position zu gelangen, wie ein deutscher Mann. Man muss sich Dinge erkämpfen und wirklich wollen.« Wichtig sei aber auch die Unterstützung der Eltern, »und Netzwerke. Ich bin eine Netzwerkerin, nehme gerne Kontakte auf und pflege sie dann. Netzwerke sind elementar wichtig, gerade für Migranten!«

Den Kontakt zum Heimatland ihrer Eltern verlor die Juristin nie. »Wir sprechen zu Hause Türkisch und fahren mindestens ein Mal im Jahr in die Türkei.« Auch ihrem Glauben blieb die Geschäftsfrau treu. »Ich bin eine gläubige Muslimin, glaube an Gott und die Werte der Religion. Allerdings trage ich diesen Glauben in mir, er ist keine Diskussionsfrage. Keiner könnte mir sagen, ich sei eine schlechte Muslimin, denn jeder muss sich ausschließlich selbst vor Gott verantworten. Ich denke, dass die Religion heute anders interpretiert werden muss als vor achthundert Jahren, denn schließlich soll sie eine Hilfe zum täglichen Leben sein, und der Alltag der Menschen hat sich in der Zwischenzeit verändert.«

Özkans Lebensmotto: »Wenn man Träume hat, soll man ihnen entschlossen nachgehen. Mit jedem Schritt wächst der Mut.«

Hourvash Pourkian

Unternehmerin (Textilbranche)

Im Dezember 1974 kam Hourvash Pourkian nach Deutschland. »Ich war damals sechzehn Jahre alt und hatte eine sehr schöne Kindheit und Jugend im Iran erlebt!« Der Vater, ein Unternehmer, Autor und Journalist, habe immer betont, seine beiden Töchter noch mehr als die drei Söhne fördern zu wollen, »schließlich werden Männer ja schon von der Gesellschaft unterstützt!« Hourvash ging also nicht nur auf das Gymnasium, sondern besuchte auch schon mal Hosen tragend auf dem Fahrrad Freunde in der Stadt. Ihr gefiel ihr Leben, deshalb war sie von der Auswanderungsabsicht der Familie nicht sonderlich begeistert, »aber mein Vater hatte sich kritisch über den Schah geäußert und ihm drohte eine Verhaftung«. Also ging die Familie zum ältesten Sohn nach Deutschland, der hier gerade sein Studium abgeschlossen hatte.

Der erste Eindruck von Hamburg war für die junge Iranerin wenig erfreulich. »Mein ältester Bruder hat uns sofort für einen Deutschkurs angemeldet und nach einem halben Jahr kam ich in die 11. Klasse aufs Gymnasium. Am Nachmittag, Abend und an den Wochenenden mussten wir dann weiter mit meinem Bruder büffeln. Es war sehr anstrengend und eine harte Zeit.« Heute sei sie ihrem Bruder für den hohen Anspruch zwar dankbar, denn »ich weiß nicht, ob wir es sonst hier so schnell geschafft hätten«, aber eine schöne Erinnerung seien diese ersten drei Jahre in Hamburg nicht gewesen. »Was uns den Anfang erleichtert hat, war, dass mein Bruder eine deutsche Freundin hatte und in deutschen Kreisen verkehrte. So sind wir gar nicht erst auf das Abstellgleis der Ghettos geraten.« Das sei für jede Integration extrem wichtig, so Pourkian. »In den ersten Jahren sollte man nur Kontakt zur Mehrheitsgesellschaft haben, um wirklich anzukommen, egal in welches Land man geht. Dann, nach einer Weile, kann man sich auch Freunde aus seinem Heimatland suchen, die alten Feste feiern, die Musik hören und die vertraute Atmosphäre genießen. Am Anfang kann ich das aber niemandem empfehlen, da muss man erst mal wirklich ankommen und sich integrieren.«

An diesen Grundsatz hielt sich Pourkian auch, als sie während ihres BWL-Studiums für ein Jahr nach England ging und dort ihren Bruder besuchte. »Ich habe gleich klargemacht, dass ich während meiner Zeit auf der Insel kein Wort Deutsch oder Persisch sprechen möchte, sondern nur Englisch – das habe ich durchgehalten!« Nach ihrem Diplom begann die Wirtschaftswissenschaftlerin zunächst bei einem mittelständischen Unternehmen in Norderstedt bei Hamburg zu arbeiten, bis sie sich schließlich 1989 selbständig machte. »Shamo« (»Engelchen«) heißt ihre Marke und ihre Firma, die nach Stationen in Brasilien, Südafrika und China inzwischen in der Türkei und China Jeans und Freizeitbekleidung produziert. Beliefert werden vor allem Familienkaufhäuser in deutschen Kleinstädten. Den Schnitten der Businesskleidung ihrer zweiten Linie Pianodue-Maßkostüme gibt die Unternehmerin gerne noch selbst den letzten Schliff. »Ich habe mich immer schon für Mode interessiert und bin schon in Teheran auf der Straße von Fremden gefragt worden, wo ich meine Jeans gekauft hätte – die hatte ich mir aber immer als Unikate vom Schneider machen lassen.«

Ende der Neunzigerjahre fing Pourkian an, sich gesellschaftspolitisch zu engagieren. »Macht macht müde Frauen munter« heißt ihr Buch, das sie 1998 gemeinsam mit Vater Human herausbrachte. Darin räumt die Unternehmerin mit der Vorstellung eines weltweiten Zusammenhaltes von Frauen auf. »Von den Migrantinnen wird erwartet, dass sie sich entweder an die Kultur des Gastlandes anpassen oder aber sich national als Angehörige einer fremden Kultur definieren, nicht aber, dass sie sich in ihrem Gastland emanzipieren. In der Rolle der anderen, der Fremden, werden sie dann entweder als Bedrohung wahrgenommen oder sie werden zu Opfern gemacht, denen man helfen oder die man mit sozialarbeiterischem Engagement betreuen muss. Damit begeben sich einheimische Frauen gegenüber Migrantinnen sozusagen in die Position der Männer und spielen selbst ein

Machtspiel als Helferinnen, Besserwisserinnen und Projektleiterinnen. Stattdessen sollten wir Frauen uns für eine eigenständige Aufenthaltserlaubnis, die Anerkennung frauenspezifischer Fluchtgründe, eine spezifische Arbeitserlaubnis, Bürgerrechte und schließlich auch für eine Quote für nichteinheimische Frauen einsetzen.«

Pourkian selbst hat sich vor allem für die Rechte von Frauen in Deutschland engagiert. Als Referentin der Frauenunion und Mitglied des Kompetenzteams des späteren Hamburger Bürgermeisters Ole von Beust versuchte Pourkian die gesellschaftliche Entwicklung im Land »nach vorn zu bringen. Im Vergleich zu anderen europäischen Ländern und den USA hinken wir hier noch Jahre zurück.« Frauen in Managementpositionen seien weiterhin die Ausnahme – und auch das Thema Kinderbetreuung sei andernorts schon längst gelöst. Über das Thema Frauen in Wirtschaft und Gesellschaft kam die Unternehmerin schließlich zum Bereich Migration. »Viele Deutsche denken ja, man müsse sich automatisch mit Einwanderung befassen, wenn man selbst aus dem Ausland stammt. Das ist aber überhaupt nicht so.« Während ihrer Lehrzeit in dem von einem Deutschen und einem Iraner geführten Unternehmen habe sie zwar einigen Familien geholfen, hier in Deutschland Fuß zu fassen. »Ich habe ihnen das Bildungssystem erklärt, Sprachschulen gezeigt und einen ersten Eindruck von Deutschland vermittelt. Aber jenseits dieser sehr persönlichen Ebene war Migration für mich kein Thema.«

Inzwischen sieht das ganz anders aus, die 49-Jährige engagiert sich in diversen Projekten. 2002 wurde sie in den Hamburger Integrationsbeirat berufen, ihre Arbeit war im November 2003 der Anlass dafür, die »Kulturbrücke Hamburg e. V.« zu gründen. Das ist eine internationale Unternehmerinitiative »zur Stärkung der inneren Internationalität Hamburgs und zur Nutzung von kulturellen und wirtschaftlichen Synergien«. 2004 rief Pourkian im Rahmen der Kulturbrücke Hamburg die Fernsehsendung »Kulturbrücke TV« ins Leben. Mit dem Programm will die Unternehmerin zwischen den aus 186 Nationen stammenden Migranten Hamburgs und den alteingesessenen Deutschen Brücken bauen, um die kulturellen Gemeinsamkeiten in den Vordergrund zu stellen, auf die Vielfalt der Kulturen neugierig zu machen und eventuelle Vorurteile abzubauen. Auch ein politisches Amt hat die 49-Jährige seit dem vergangenen Jahr inne. »2006 trat ich in die CDU ein und wurde sofort in die Kulturdeputation des Hamburger Senats gewählt.«

Das politische Amt hält die Unternehmerin jedoch nicht von zusätzlicher ehrenamtlicher Tätigkeit ab. 2005 regte sie ein weiteres Projekt an: »Switch« nennt sich ihre Idee eines Kinderkulturaustausches. Jeweils drei Kinder aus Migrationsfamilien und ein deutsches Kind tun sich in einer Gruppe zusammen und erleben jeweils einen Tag in der Familie der anderen. »In vier Tagen kommen sie so um die Welt, lernen etwas über die anderen Länder, Lebensformen und Religionen.« Am Ende schreiben alle ein Reisetagebuch, das von einer Jury bewertet und prämiert wird. Nahmen am Anfang noch achtzehn Familien aus zehn Nationen an diesem jeweils in der Ferienzeit stattfindenden Kulturaustausch teil, sind es in diesem Jahr schon über achtzig Kinder, die so einen Einblick in andere Lebensformen bekommen. Zum Abschluss des Projekts, dessen Schirmherrin die Hamburger Bildungssenatorin Alexandra Dinges-Dierig ist, feiern alle gemeinsam ein großes Fest. »Das Projekt kommt sehr gut an, inzwischen hat sogar schon die kanadische Regierung um Informationen gebeten, weil sie die Idee in ihrem Land realisieren wollen.« Pourkian geht davon aus, dass sich die teilnehmenden Kinder dieser »Weltreise in vier Tagen« ein Leben lang an die Zeit in den anderen Familien erinnern werden. »Ich weiß noch ganz genau, wie ich als Elfjährige in Teheran mal bei einer japanischen Familie eingeladen war und mir auf dem Hinweg alles Mögliche vorgestellt habe, was mich da erwarten könnte. Ich war sehr aufgeregt und stellte nachher fest, dass ich ganz falsche Erwartungen gehabt hatte. Das sind Bilder, die in meinem Leben niemals gelöscht sein werden.«

Die Idee von Switch, eines offenen Aufeinanderzugehens beider Seiten, hält Pourkian für einen Schlüssel zur erfolgreichen Integration. »Das Ideal wäre, gegenseitiges Interesse zu wecken, das Zuwanderern dann ermöglicht, sich in den deutschen Strukturen zurechtzufinden.« Die Migranten selbst sollten sich am Anfang auf jeden Fall fern von ihren Landsleuten und gewohnten Bräuchen halten. »Man muss am Anfang eben auf ein bisschen verzichten, egal, ob einem das Gastland nun nett erscheint oder nicht. Man muss sich voll auf die neue Umgebung einlassen und hier Fuß fassen.« Dass einem nach einiger Zeit die alten Bräuche und Strukturen fehlen würden, sei klar. »Und es spricht ja auch nichts dagegen, wenn man die neue Sprache fließend gelernt hat und beruflich erfolgreich integriert ist, wieder einen persischen oder türkischen Abend mit gutem Essen, Gesprächen und Musik zu machen.«

Von den sich abschottenden Gruppen, die sich oftmals um Moscheen und umliegende Geschäfte und Vereine scharen, hält Pourkian deshalb gar nichts. »Es heißt dann: ›In Hamburg leben Zehntausende Muslime, wir müssen etwas für die machen.‹ Ich bin nominell auch Muslimin, aber für mich muss in religiöser Hinsicht sicher nichts gemacht werden!« Ihr eigenes Engagement richtet die Unternehmerin hingegen auf die Integration von Migranten in der Mehrheitsgesellschaft aus. Schließlich ist sie auf diesem Weg intensiver Arbeit und zielgerichteter Anstrengung zum Erfolg gekommen. Und »Erfolg heißt für mich, jeden Tag etwas Positives zu erleben, und zwar möglichst in jedem der Projekte, an denen ich arbeite. Erfolg haben heißt, sich wohlzufühlen, und das gibt mir Energie, weiterzumachen.«

Nadia Qani

Unternehmerin (Ambulanter Häuslicher Pflegedienst)

1980 kam Nadia Qani aus Kabul nach Deutschland. »Ich hatte 1978 geheiratet – den Enkelsohn von General Mohammed Walli, der Vizekönig unter dem afghanischen König Amanulle war. Damals war es in Afghanistan noch möglich, dass man sich einfach so kennenlernt und dann ein Jahr später zusammen zu den Eltern geht und erklärt, dass man heiraten will.« Dass sie einen Prinzen geheiratet hatte, war Qani da schon klar, welche Konsequenzen sich daraus ergeben würden, aber nicht. »Ein Jahr nach unserer Hochzeit sind die Sowjets einmarschiert. Von da an musste sich mein Mann versteckt halten und konnte erst 1979 über Frankreich nach Deutschland fliehen.« Auch Qani selbst hatte »regelmäßig zwanzig Männer mit Kalaschnikows ums Haus stehen, die uns bedrohten«. Sie tauchte unter und erreichte nach einer zwanzig Tage dauernden Flucht – zu Fuß und auf einem mit Zigaretten beladenen LKW – Pakistan. »Draußen waren es fünfundvierzig Grad, ich musste mich klein machen, um nicht entdeckt zu werden. Ich hatte große Angst, schließlich war bekannt, dass die fundamentalistischen Mudschaheddin viele junge Frauen entführten, um sie an arabische Scheichs oder als Prostituierte in pakistanische Bordelle zu verkaufen.« Nach knapp drei Wochen überquerte sie dann endlich die pakistanische Grenze und versuchte von dort nach Deutschland zu ihrem Mann zu reisen. »Schnell habe ich gemerkt, dass das mit den deutschen Behörden nichts wird und habe mir einen anderen Pass gekauft, um damit fliegen zu können.« Die Reiseroute ging über Frankfurt nach London. »Man hatte mir gesagt, ich solle mich auf dem Frankfurter Flughafen auf der Toilette verstecken, warten, bis das Flugzeug weg ist, und dann Asyl beantragen. Als ich dann in Frankfurt gelandet war, fand ich keine Toilette und fragte nach. Ein Beamter meinte, es gäbe doch auch an Bord der Maschine ein WC, daraufhin fing ich an zu weinen und sagte, mein Mann warte hier, ich wolle Asyl beantragen. Natürlich saß ich kurze Zeit später wieder im Flugzeug und musste weiter nach London. Von dort aus gelang es Qanis Mann, sie mit Hilfe von Pro Asyl nach Frankfurt zu holen. »Da mein Fall ganz klar war, habe ich drei Monate später meinen Asylantrag bestätigt bekommen.«

Der Weg dorthin war jedoch kalt und schwierig. »Ich hatte nur ein Kleid dabei, eine Zahnbürste, unsere Nachtkleider der Hochzeitsnacht und ein Paar Schuhe mit hohen Absätzen. Von denen ist mir gleich auf der Rolltreppe des Flughafens einer abgebrochen, so dass ich in Frankfurt anfangs barfuß unterwegs war.« Auch ansonsten war der Start nicht ganz so, wie sie es sich in Afghanistan erhofft hatte. »Wir wohnten in einem Fünfzehn-Quadratmeter-Zimmer in einem Hotel für Asylbewerber. Darin war nur ein kleines schmales Bett und ein Tischchen. Der Traum Germany war geplatzt, einfach weg. Im ganzen Gebäude wimmelte es von Afghanen, die die ganze Nacht über tranken und tagsüber schliefen. Sie kamen alle nicht über das Trauma ihrer Erlebnisse aus der Heimat hinweg.« Auch ihren Mann erkannte Qani kaum wieder. »Er hat wie die anderen die ganze Nacht über getrunken und geweint, alle waren fertig. Ich habe überlegt, dass ich nun in Sicherheit bin, aber der Zustand so nicht haltbar ist. Also wollte ich so schnell wie möglich arbeiten und Deutsch lernen. Jeden Tag war ich so auf irgendeinem Amt, um aus dem Hotel rauszukommen. So war ich die Erste, die ausziehen konnte, und die Erste, die auf eine Sprachschule kam.«

Kurz nach ihrer Ankunft wurde Qani das erste Mal schwanger, »mein Sohn kam mit einem Kaiserschnitt zur Welt, ich konnte mich mit niemandem im Krankenhaus verständigen und war ganz allein. Die Operationsnarbe hat sich dann auch noch entzündet, es war schrecklich.« Nach wenigen Monaten fand die damals 21-Jährige einen Krippenplatz für ihr Kind und begann als Kassiererin zu arbeiten, »schließlich sind Zahlen universell, das konnte ich auch mit geringen Sprachkenntnissen machen«. Mit der Zeit kamen diverse andere Jobs dazu: »Ich war Babysitter, Bürokraft, habe Regale einsortiert, als Dekorateurin gearbeitet und hatte einen gut organisierten Terminkalender, um genau zu wissen, was ich gerade zu tun hatte.« Neben all der Arbeit begann Qani, sich ehrenamtlich zu engagieren. »Ich habe Glück gehabt, schnell Menschen zu begegnen, die mir geholfen haben. Ich wollte etwas machen und bin in der Sankt-Sebastian-Kirchengemeinde aktiv geworden, die das Asylbewerberheim in Schwalbach betreute. Dorthin brachte ich regelmäßig Kleidung, Schuhe, Möbel und andere Dinge, die die Flüchtlinge dringend brauchten. Ihre Situation kannte ich ja sehr gut.« Kontakt zur Kirche bekam die junge Frau schnell, denn sie hatte deutsche Katholiken aus ihrer Kindheit in guter Erinnerung. »Wir hatten zwei deutsche Nonnen als Nachbarinnen, die vor dem Zweiten Weltkrieg aus Deutschland nach Kabul geflohen waren und dann blieben. Nach ihnen sind meine Schwester Maria und ich benannt worden.« Qani selbst ist Muslimin, »aber ich mache Yoga, gehe in die Sauna und zum Schwimmen. Der große Gelehrte Jalaludin Balkhin Rumi hat schon vor achthundert Jahren gesagt, dass man zu Gott auch mit Tanz, Musik und Poesie kommen kann. In den vergangenen Hunderten von Jahren gab es keine Kritik an ihm, dann kann ja nichts dagegen sprechen, dass ich es heute auch so mache!«

Neben Tanz und Musik gab es aber weiterhin viel Arbeit und Engagement im Leben der Deutsch-Afghanin. »Jeder, der damals rausgekommen ist, musste versuchen, möglichst viele seiner Familienangehörigen zu retten. Ich hatte damals nicht einmal etwas Anständiges anzuziehen, weil ich alles investierte, um auch meine Verwandten nach Deutschland zu holen.« Ihre Mutter, ein Bruder, Schwager, die Schwiegermutter, zwei Schwägerinnen und eine Schwester mit drei Kindern kamen so ebenfalls in die Bundesrepublik. »Ich habe aber noch sehr viel Familie in Afghanistan und auf der ganzen Welt. Schließlich hatte mein Vater vier Frauen und mit jeder etwa fünf Kinder.« Eine starke Verbundenheit zu ihrer Heimat verspürt die inzwischen eingebürgerte Qani noch heute. »Lange Jahre habe ich mit mir gehadert, die deutsche Staatsbürgerschaft anzunehmen. Wie kann ich Deutsche werden, wenn ich in den Nächten von Afghanistan träume? Gebe ich nicht die Hoffnung auf, meine Heimat je wiederzusehen, wenn ich den deutschen Pass beantrage? Und verrate ich nicht mein Volk, das so sehr leidet, wenn ich es für immer im Stich lasse?« Inzwischen hat die Unternehmerin einen Weg gefunden, ihrem Wunsch nach Unterstützung der Menschen am Hindukusch nachzukommen. Sie gründete den Verein »ZAN«, »Zan« ist das persische Wort für »Frau«. »Mit ZAN setzen wir uns dafür ein, dass Frauen in Kabul Lesen und Schreiben lernen, dass ihre Kinder eine Schulbildung erhalten und die Mütter ihren Lebensunterhalt verdienen können. Und wir setzen uns für die Gesundheitsberatung ein, die über Hygiene, Krankheiten und Familienplanung aufklärt.«

Im Rahmen ihrer Arbeit traf Qani 2002 auch Nana Annan, die Frau des ehemaligen UNO-Generalsekretärs. »Sie schrieb mir zwei Wochen später einen Brief, in dem sie mir mitteilte, wie sehr meine Geschichte sie bewegt hätte, und nannte mir mehrere Hilfsorganisationen und Ansprechpartner in Kabul, über die ich nach Afghanistan reisen könnte. Aber ich bin nicht gefahren. Ich traue der neuen Regierung nicht, die Mudschaheddin sind nicht von der Erde verschwunden, sie haben sich nur rasiert. Heute sind sie nicht mehr an den Gesichtern zu erkennen und so weiß ich nicht, mit wem ich es zu tun habe. Außerdem habe ich auch hier in Deutschland inzwischen Verantwortung.« Nicht nur für ihre beiden Söhne, von denen der älteste inzwischen studiert und der andere das Gymnasium besucht. Seit 1993 hat Qani sich auch mit dem »Ambulanten Häuslichen Pflegedienst (AHP)« selbständig gemacht. »Inzwischen habe ich vierunddreißig Mitarbeiter aus vierzehn Nationen von fünf Kontinenten. In Deutschland leben ganze Heerscharen von Menschen aus aller Welt, die den deutschen Wohlstand in ihrem langen Arbeitsleben mit aufgebaut haben. Viele von ihnen haben geglaubt, dass sie irgendwann in ihre Heimat zurückkehren. Viele von ihnen können nach Jahrzehnten harter Arbeit in diesem Land kaum Deutsch sprechen. Sie haben in die Sozialversicherungen eingezahlt und es gibt etliche, die in Deutschland bleiben, wenn sie alt und gebrechlich sind. Für diese Menschen wird es in zunehmendem Alter immer schwerer, hier zu leben. Oft sind ihre Kinder nicht mehr in derselben Stadt, die Zeiten mit mehreren Generationen unter einem Dach sind vorbei. Für diese Menschen ist eine kultursensible Betreuung sehr wichtig, da sie fern der Heimat und außerhalb der Familie versorgt werden.« Qani und ihre Mitarbeiter sorgen dafür, dass diese alten Menschen sich nicht nur mit ihren Pflegern in der

Muttersprache unterhalten können, sondern sie begehen mit ihnen auch landestypische Feste. »Weihnachten in Russland findet eben an einem anderen Tag statt als in Deutschland und das neue Jahr zelebrieren viele Kulturen nicht am 1. Januar. Dann sorge ich dafür, dass ein Pfleger mit dem jeweiligen betreuten Menschen in einen Verein oder eine andere Institution fährt, wo dieses Fest gefeiert wird.«

Auch die Mitarbeiter selbst sucht die Unternehmerin nach sozialen Aspekten aus. »Wenn ich die Wahl habe, entscheide ich mich immer für eine Migrantin, die vielleicht noch nicht so gut Deutsch spricht und auf den ersten Blick nicht so reibungslos ins Team passt. Ich schicke sie dann zu Deutsch- und Weiterbildungskursen, so dass die Arbeit klappt. Schließlich erinnere ich mich selbst noch sehr gut daran, wie schwierig der Anfang hier in Deutschland für mich war und wie wichtig es ist, jemanden zu finden, der einen unterstützt.« Siebzig Prozent ihrer Angestellten sind Frauen, achtzig Prozent haben einen Migrationshintergrund und zwei sind schwerbehindert. Neben den Angestellten arbeiten bei Qani auch zwölf Auszubildende sowohl im Bereich »Bürokommunikation im Gesundheitswesen« als auch als »Krankenpflegehelfer/in«. Über mangelnde Beschäftigung kann sich die Unternehmerin also nicht beklagen, »ich arbeite immer noch zwölf bis sechzehn Stunden täglich und bin über das Handy Tag und Nacht erreichbar. Ich möchte eben in Deutschland so vielen Migrantinnen wie möglich helfen, sich zu integrieren. Und für eine gelungene Integration ist Arbeit – vor allem offizielle, sozialversicherungspflichtige Arbeit – extrem wichtig.« Für ihre Tätigkeit ist die Unternehmerin bereits diverse Male ausgezeichnet worden, 2004 gewann sie den 1. Platz des Wirtschaftspreises »Together in Hessen« des Landes Hessen und 2005 wurde sie zur »Frankfurterin des Jahres« gekürt.

Wie schwierig es ist, mit dem Verlust der Heimat und den Kriegstraumata fertigzuwerden, erlebte die 47-Jährige bei ihrem Mann. »Er wurde psychisch krank, den letzten Rest hat ihm die Sprengung der Buddhastatuen durch die Taliban gegeben, seitdem konnte er nicht mehr zwischen Freund und Feind unterscheiden, wusste nicht, wen er vor sich hatte – und hielt auch mich manchmal für einen Mudschaheddin.« Mehrere Aufenthalte in psychiatrischen Kliniken waren die Folge und die Ehe zerbrach. »Ich habe dann versucht, zumindest meine Kinder zu schützen. Wie sehr es sie mitnahm, habe ich erst bei einer Schulaufführung begriffen. Mein Sohn hatte damals ein Stück geschrieben, das von einem psychisch kranken Afghanistan-Flüchtling handelte, der seine Frau mit feindlichen Kämpfern verwechselte und schlug. Nach der Aufführung sind viele der hundert Zuschauer zu mir gekommen und haben mir gratuliert, dass mein Sohn wie Lorca schreibe. Ich selbst habe mich erschrocken und gewusst, dass er sehr schnell von zu Hause ausziehen muss.« Mit knapp achtzehn Jahren verließ ihr Ältester deshalb die gemeinsame Wohnung, was unter anderem den erfreulichen Nebeneffekt hatte, »dass er sehr selbständig wurde. Ich habe mir gedacht, dass ich nicht nur Gleichberechtigung predigen kann, sondern meine Söhne auch so erziehen muss. Also lernten sie früh, selbst zu waschen, zu kochen und einen eigenständigen Haushalt zu führen. Ihre Frauen sind mir sehr dankbar dafür!«

Seit zwei Jahren setzt sich Qani auch politisch für die Rechte der Frauen ein; sie sitzt im Vorstand der sozialdemokratischen Frauen Frankfurts. 2007 eröffnete sie an der Seite der Oberbürgermeisterin das Fest für neu eingebürgerte Frankfurter; für die engagierte Unternehmerin Anlass, noch einmal über ihre eigenen Anfänge nachzudenken. »Zurückblickend sehe ich, wie hart es für mich gewesen ist: Ich kam nach Deutschland, ohne die deutsche Sprache zu sprechen, ich habe hier in Deutschland zwei Kinder geboren, für die es zu sorgen galt, und mein Mann war hoch gebildet, aber kriegsgeschädigt. Ich brachte meine Herkunftskultur mit und arbeitete von früh bis spät. Die Belastungen waren unglaublich und ich konnte nicht wissen, ob mein Einsatz uns wirklich helfen würde. Heute sehe ich, dass es lohnenswert war!« Als besonders hilfreich für ihren Weg war für die Einwanderin das deutsche System der Kinderbetreuung. »Meine Kinder waren zuerst in der Kinderkrippe, dann im Kindergarten. Sie haben nach der Schule zusammen mit anderen Kindern in einem Hort ihre Hausaufgaben gemacht und so die deutsche Sprache ganz selbstverständlich gelernt. Sie haben die Spiele gespielt, die deutsche Kinder spielen, und sie konnten sich in der Schule beweisen, weil sie sich in Deutschland nicht fremd fühlten.

Heute sehe ich, wie gut es war, dass meine Söhne schon früh in die deutsche Gesellschaft integriert wurden.«

Ihr eigener Weg sei nicht einfach gewesen, so Qani, schließlich gebe es »in Deutschland die NPD und einige andere Gruppierungen, die bedrohlich sind und nicht zulassen wollen, dass Menschen aus anderen Ländern hier Arbeit und ein Zuhause finden. Aber ich habe von vielen Menschen auch Offenheit erfahren und bei ihnen Hilfe gefunden.« Ebenso wichtig sei aber gewesen zu lernen, »dass nicht nur ich Hilfe brauche, sondern dass ich auch etwas geben und mit anderen teilen kann«. Von den Einwanderinnen erhofft sich die Unternehmerin, dass »sie den Mut nicht verlieren und nie aufgeben! Wenn man einen ausländischen Namen trägt, ist es immer schwerer, etwas zu erreichen – nur kontrolliert wird man häufiger«, sagt sie schmunzelnd. Von der Zukunft erhofft sich Qani deshalb, dass »wir in zwanzig Jahren Europäerinnen sind und nicht mehr ›Migrantinnen‹ heißen. Toleranz und Akzeptanz sollten hier in Deutschland – und hoffentlich auch in meiner Heimat – die Basis des Zusammenlebens sein.« Auf ihren Beruf bezogen, ist es der engagierten Unternehmerin schon gelungen, ihr Lebensziel umzusetzen: »Wenn man es schafft, Soziales und Wirtschaftliches auf einen Nenner zu bringen, hat man viel erreicht!«

Reyhan Sahin (Lady Ray)

Rapperin und Germanistin

Anfang der Siebzigerjahre kamen Reyhan Sahins Eltern nach Bremen, der Vater begann bei der AG Weser zu arbeiten. »Wir haben wie fast alle Arbeiter der Firma in Gröpeling gewohnt, das ist eine Kanakengegend. Da wächst man rein und sieht immer die türkische Community und die eigene Familie auf der einen Seite, auf der anderen dann die deutsche Gesellschaft. Ich war aber von klein auf anders. Bei mir war es immer multikulturell. Ich hatte italienische, jugoslawische, deutsche und natürlich auch türkische Freunde. Ich wollte was erreichen und nicht so werden wie viele andere aus der Gegend, die Drogen verkauft haben, die Schule nur schwänzten und abgekackt sind.« Dass Schule wichtig sei, darauf pochte auch ihr Vater, »der meinte, Frauen müssen was lernen, sonst haben sie es schwer im Leben«.

Während Sahins Brüder über Nebenpfade schließlich auch zu Abitur und Studium kamen, ging die einzige Tochter der Familie den direkten Weg. »Ich habe eine Gymnasialempfehlung bekommen und dann mein Abitur gemacht.« Probleme gab es in der Schule keine. »Ich war schon immer freaky und fiel völlig aus dem Rahmen. Es kam niemandem darauf an, dass ich Türkin war, ich war einfach anders – hatte die geilsten Klamotten und die coolsten Sprüche.« Schon mit zwölf fing sie an, sich für Rap zu begeistern, »weil mir die Baggy-Hosen der Männer gefielen, die fand ich total sexy. Dann hab ich die Musik gehört und immer zum Schrillsten gegriffen.« Mit hoch toupierten Haaren, blauem Nagellack und gelbem Lippenstift ging Sahin so unter anderem auch auf türkische Hochzeiten und wurde entsprechend angestarrt. Ihre Eltern nahmen es mit Fassung, »sie sind tolerant und haben ja gesehen, dass ich die Schule ernst nehme. Da haben sie mich machen lassen«.

207

Mit vierzehn Jahren begann die Musikerin eigene Texte zu schreiben. »Ich wollte immer schon berühmt werden und hab alles darangesetzt, eine erfolgreiche Rapperin zu werden. Wenn die anderen nach der Schule schwimmen gegangen sind, oder sonst was unternommen haben, bin ich zu Hause geblieben und habe Texte geschrieben. Ich hab mir dann Gedanken gemacht, was mich unterscheiden kann von den anderen, wie ich anders sein kann.« Das ist der Deutsch-Türkin ohne Zweifel gelungen. Mit ihrem »Vagina Styl« scheidet sie die Gemüter – und das mit voller Absicht. »Ich will Türkinnen in Deutschland sichtbar machen, und zwar von einer anderen Seite als der von den Medien transportierten. Denn es werden immer nur zwei Varianten wahrgenommen: die traditionell orientierte Türkin mit Kopftuch und die eingedeutschte, die ihre eigene Kultur verloren hat. Die Mehrheit bewegt sich aber zwischen diesen beiden Polen.« Sahin will ein neues Bild von Deutsch-Türkinnen schaffen, »ich mache nicht nur Rap mit krassen Texten, sondern bin auch Doktorandin, Autorin und Designerin«. Schließlich entwirft sie ihre Kleidung selbst, schreibt derzeit an ihrer Promotion zum Thema »Kleidung als Zeichen« und hält ein Seminar am Fachbereich Germanistik in Bremen. Ihre Diplomarbeit wurde zur Veröffentlichung ausgewählt. »Ich wollte mich nicht zwischen verschiedenen Karrieren entscheiden, sondern erst mal alles machen.«

Das verkündete Sahin auch ihrem Ex-Arbeitgeber, Radio Bremen. Vier Jahre war sie dort beim »Funkhaus Europa« tätig, zunächst als Redakteurin, dann als Moderatorin. »Das ist ein Möchtegern-Multikulti-Sender. Dort habe ich das erste Mal Probleme als Türkin gehabt.« Gleich zu Beginn seien ihre Leistungen mit ihrer Herkunft vermischt worden, »die haben da gestaunt, was ich kann, dass ich mich mit Popkultur und -geschichte auskenne – dabei hatte ich einen Studienabschluss von 1,2«. Am Ende stand ein Eklat. Sahin hatte als »Lady Ray« eine Internetseite auf »myspace« aufgebaut und dort mehrere Lieder hineingestellt. »Dann hat mich eines Tages die Chefin gerufen, eine Frau so Ende fünfzig, die mir früher immer von ihren tollen Errungenschaften der 1960er Jahre erzählt hatte, was sie da alles für die Frauen erreicht hätten. Nun sagte sie, ich hätte ja Lieder ins Internet gestellt. Ich war erst ganz begeistert, weil ich nicht erwartet hatte, dass sie Rap hört! Dann habe ich begriffen, dass sie sich über die Texte aufregte.« Sex spielt nicht nur in Lady Rays Texten eine große Rolle, auch die auf der Seite aufgeführten »10 Gebote des Vagina Styles« haben es in sich. »1. Du hast einen Grund zu feiern: Du hast eine Möse und Du bist eine Frau, die weiß was sie will. Steh dazu, Bitch!« Sahins Chefin fand, dass sie zu so einer Mitarbeiterin nicht stehen könne, und stellte die 26-Jährige vor die Wahl. »Ich sollte entweder die Texte aus dem Netz nehmen oder würde meinen Job verlieren. Sie sagte zu mir, ich könne als Journalistin was erreichen, warum ich mir mein Leben kaputtmache – ich solle mich doch für die journalistische Karriere entscheiden. Da habe ich gesagt, ›Ich entscheide mich für die journalistische, die wissenschaftliche und die Rap-Karriere. Sogar mein anatolischer Vater lacht dich aus, weil du mich wegen meiner Musik rauswirfst!‹ Anschließend bin ich sofort zur Bild-Zeitung gegangen und habe den Fall öffentlich gemacht. Der Prozess zieht sich noch, aber ich werde die fertigmachen!« Denn schließlich, so Sahin, sei ihr Rausschmiss ein klarer Fall von Diskriminierung und mit Emanzipation oder Meinungsfreiheit nicht zu vereinbaren. Zumindest ist ihr Fall inzwischen durch die Medien weltweit bekannt geworden – selbst südafrikanische und US-amerikanische Zeitungen berichteten darüber. Und auch ihrem Geldbeutel schadet die Veröffentlichung der fünf Lieder im Internet nicht – jeder Download wird bezahlt und die Musik von Lady Ray ist innerhalb der Subkultur mittlerweile bundesweit bekannt.

Sexismus sei in der deutschen Gesellschaft gang und gäbe, »und ich will die Deutsch-Türkinnen aus ihrer Opferrolle rausbringen. Ich bin ein Migrantenkind, das sich hochgearbeitet hat, und will als solches anerkannt werden.« Schließlich negiert Sahin ihre türkischen Wurzeln nicht. »Ich bin fünf Jahre nachmittags in die türkische Schule gegangen, spreche fließend Türkisch und stehe zu vielen türkischen Werten. In Deutschland sehe ich zum Beispiel Ehre überhaupt nicht, für mich ist die aber etwas sehr Positives. Jeder Mensch hat eine Ehre, die hängt ja nicht nur an diesem Jungfräulichkeitsding.« Auch Familienbewusstsein und Warmherzigkeit verbindet die Rapperin mit ihrer türkischen Herkunft und nicht zuletzt mit dem Glauben. »Wir sind Aleviten – aber ich vermische die Religion nicht mit der Musik und dem, was ich sonst so mache. Das finde ich auch sehr wichtig, dass der Glaube für sich bestehen bleibt und nicht mit irgendetwas Banalem vermischt wird.« Alles in allem »sehe ich nicht ein, dass man mich als Deutsche sieht, nur weil ich einen deutschen Pass habe. Ich schreibe mir das Türkische auf die Fahne, das hat aber nichts mit Nationalismus zu tun – ich will einfach nur, dass ein anderes Bild der türkischen Frau entsteht.«

Ihr Kampf für eine Befreiung der weiblichen Sexualität stoße innerhalb und außerhalb der Rapper-Community oft auf Unverständnis. »Die erzählen mir: ›Deine Texte sind zu krass, das kann man nicht bringen.‹ Ich habe immer viel um Anerkennung kämpfen müssen, oft hieß es, es wäre Blödsinn, was ich mache, und ich könne überhaupt nicht rappen. Ich höre aber nicht auf andere, habe mir immer selbst meine Meinung gebildet und bin dabei geblieben.« Manchmal sind es gar nicht ihre Forderungen, die so aus dem Rahmen fallen, sondern ihre außerhalb von Rap-Kreisen ungewöhnlich direkte Sprache. So schreibt Lady Ray in ihren »Vagina-Style-Geboten« davon, dass Frauen sich bilden und nicht sexuell ausbeuten lassen sollen: »6. Bring Deine Schule zu Ende, wenn Du kannst, dann studier! Versuch unabhängig zu werden und es zu bleiben.« oder »10. Lass Dich nicht vom Arsch durchnehmen, nur um ›Jungfrau‹ zu bleiben.«

Der Traum Sahins ist eine »emanzipierte Welt der Frau, die nicht männerfeindlich ist, sondern im weiblichen Luxus badet. Selbstbestimmung und Sex spielen eine große Rolle, aber auch das Genießen der Weiblichkeit. Ich wünsche mir, dass Frauen sich nehmen, was sie wollen, dass sie was im Kopf haben und auch äußerlich was aus sich machen.«

Prof. Dr. Pakize Schuchert-Güler

Professorin für Marketing

Mit sieben Jahren kam Pakize Schuchert-Güler »1973 als typisches Gastar-
beiterkind nach Berlin. Meine Eltern lebten vorher in einem kleinen Dorf
in Mittelanatolien und wurden in Deutschland als Humankapital für die
Unternehmen gebraucht.« Da beide fast ununterbrochen arbeiteten, hatte
die Schülerin »sehr viel Freizeit, die ich mit unseren Nachbarn oder der
Lehrerin verbracht habe«. Letztere betreute dreiunddreißig türkische Kinder in einer sogenannten Nationalklasse und sollte ihnen Deutsch beibringen. »Wenn wir eine Aufgabe gut erledigt hatten, bekamen wir zur Motiva-
tion Smilies – wenn man es schaffte, zwanzig in einem Monat zu sammeln,
konnte man sich aussuchen, was man mit ihr machen wollte. Ich habe fast
immer meine zwanzig Punkte zusammenbekommen, so dass sie jeden Monat etwas mit mir unternehmen musste.« Beim ersten Mal wünschte sich
die Schülerin einen Besuch bei ihrer Lehrerin, »ich wollte Deutsche kennenlernen und sehen, wie die leben. Da habe ich festgestellt, dass man unverheiratet zusammenwohnen kann, worüber ich dann erst mal mit meinen Eltern diskutiert habe.« Die jüngere von zwei Schwestern verbrachte
während ihrer ganzen Schulzeit viel Zeit mit erheblich älteren Deutschen.
»Wir haben anfangs im zweiten Hinterhof, Tiefparterre mit Außentoilette,
gewohnt. Das war natürlich nach unserem Häuschen mit drei Zimmern
und großem Garten in der Türkei eine echte Umstellung. Der Kontakt zu
den Nachbarn war aber immerhin schnell hergestellt.« Der Mechaniker mit
einer Werkstatt im zweiten Hinterhof schaute, ob das Mädchen auch gut aus
der Schule heimkehrte, für die darüber wohnende Dame ging Schuchert-
Güler einkaufen, brachte den Müll weg – und hörte sich viele Geschichten
»von früher an. Das war nicht nur für meine Sprachentwicklung förderlich,

ich habe auch eine Menge über Deutschland gelernt und begriffen, nach welchen Regeln man hier zusammenlebt.« Denn schließlich brachten ihr die Freundschaften zu diversen älteren Damen der Umgebung nicht nur Einladungen zu Kaffeekränzchen, Friedhofs- und Museumsbesuchen ein – »sie haben auch meinen Eltern die Angst vor der neuen Umgebung genommen und ihnen das Gefühl gegeben, dass wir in dieser Umgebung akzeptiert sind. So war es für meine Eltern zum Beispiel selbstverständlich, dass wir Silvester mit der Nachbarschaft gemeinsam feierten.«

Denn die Umgebung suchte auch nach dem Umzug in eine geräumigere und besser gelegene Wohnung in Berlins Stadtteil Steglitz Kontakt zur Familie.»Das war eine Hausmeisterwohnung, die der Arbeitgeber meines Vaters beschafft hatte, da meine Mutter unsere kleine dunkle Bleibe im Wedding nicht länger ertragen konnte und mein Vater ›Ängste‹ bezüglich unserer Bildungschancen äußerte. In dieser neuen Hausmeisterwohnung haben wir Kinder natürlich auch schnell kleine Arbeiten übernommen, die Gehwege geschrubbt oder den Rasen gemäht. Auch hier haben die Nachbarn uns angesprochen und eingeladen.« Als dann die Zeit kam, in der sie mit dreizehn, vierzehn Übernachtungswünsche bei Schulfreundinnen äußerte, »waren meine Eltern erst dagegen. Da hat der Vater meiner Freundin meine Eltern zu sich nach Hause eingeladen, sie haben Tee getrunken und sich darüber unterhalten, dass auch er sich um seine Tochter sorgt. Das sei normal – aber er sähe mich wie sein eigenes Kind an und ich sei dementsprechend gut bei ihnen aufgehoben. Von da an waren Übernachtungen außer Haus für meine Eltern in Ordnung. Auch bei Klassenfahrten waren sich meine Lehrer und die Eltern meiner Freunde nicht zu schade, meine Eltern zu besuchen, um sie davon zu überzeugen, dass es gut und sicher wäre, mich mitfahren zu lassen.«

Der Start in der neuen Schule in Berlins Süden war zunächst etwas sonderbar, »denn wir mussten uns alle mit unserem Vornamen und dem Beruf unserer Eltern vorstellen. Ich wusste vorher gar nicht, dass es solche Schulen gibt. Da habe ich überlegt, was ich sage zwischen all diesen Anwalts- und Arztkindern. Zu sagen: ›Meine Mutter ist Arbeiterin und mein Vater auch‹, klang für mich nicht sonderlich gut. Also habe ich gemeint, meine Mutter sei im Servicebereich eines Gartencenters tätig und mein Vater trüge zur Verschönerung von Gärten bei. Meine Lehrerin merkte, dass mir das etwas unangenehm war, und hat mich schnell besonders gefördert, zum Beispiel indem sie mir Bücher mitgab, die ich dann lesen konnte, um anschließend mit ihr über den Inhalt zu diskutieren.« Mathe und naturwissenschaftliche Fächer waren für die heutige Marketingprofessorin nicht das Problem, »aber in Deutsch und Französisch musste ich mich sehr bemühen. Die Tochter der Chefin meiner Schwester studierte damals Theologie und hatte durch ihre Frankreich-Aufenthalte sehr gute Französischkenntnisse. Sie gab mir dann jeden Sonntag kostenlos Nachhilfe.«

Auch in der neuen Umgebung blieb es bei den Ausflügen mit Nachbarinnen. »Frau Kresse hat mich zum Beispiel zum Familienbesuch in den Osten der Stadt mitgenommen, so dass die ›Mauer‹ auch für mich zu einem Begriff wurde und ich die Teilung Deutschlands wirklich verstanden habe. Tante Scholz wiederum brachte meiner Mutter das Backen von deutschem Sandkuchen bei. Ich würde mir von dieser Offenheit, die ich selbst als Kind und Jugendliche erlebt habe, auch in der heutigen Zeit viel mehr wünschen. Bürgerschaftliches Engagement ist in meinen Augen das A und O einer gelungenen Integration und eines gemeinsamen Lebens. Man muss Menschen einfach einladen, sich Dinge anzuschauen, alleine kommt man nicht darauf oder traut sich nicht.« So wurde sie selbst auch in Kirchen mitgenommen, »obwohl meine Eltern sehr gläubig sind, meine Mutter ein Kopftuch trägt und die beiden inzwischen auch in Mekka waren«.

Diskussionen habe es in der Familie »viele gegeben. Es gibt ja manchmal Menschen, die meinen, wegen meines Hintergrundes könne ich irgendwo hinfahren und würde alles sofort verstehen. Dabei sind meine Eltern und ich heute noch dabei, uns besser verstehen zu lernen. Es hat bei uns nie diese Auswüchse von Gewalt und Freiheitsentzug gegeben, von denen manche Bücher handeln – aber einer Meinung waren wir natürlich auch nicht immer. Meine Eltern hatten eine andere Herangehensweise an das Leben in Deutschland, als es die zweite und dritte Generation heute hat. Für Kinder gibt es dann die beiden Möglichkeiten, sich entweder komplett abzunabeln und damit zu entwurzeln, oder zu versuchen, den Weg mit den Normen, in denen die Eltern leben, gemeinsam zu gehen. Der zweite ist der schwierigere, aber in meinen Augen der bessere Weg. Und schließlich haben mein Mann und seine Familie durch die Partizipation meiner Eltern auch etwas von der türkisch-albanischen Kultur übernommen.«

»Mein Vater, der erst 1999 seinen Schulabschluss nachholte, um den Führerschein zu bekommen, und meine Mutter wünschten sich für uns Kinder immer, dass es uns mal besser ginge.« Dieser Wunsch hat sich erfüllt. Nach dem Abitur studierte Schuchert-Güler Betriebswirtschaftslehre. »Mein Vater hatte ja bestimmte deutsche Werte schnell übernommen. So meinte er, volljährige Kinder seiner deutschen Arbeitskollegen müssten zu Hause Wohngeld abliefern, das sollten wir auch so machen. Geld dazuzuverdienen, fand er immer gut, so dass ich schon mit sechzehn Jahren begann, auf dem Markt Gemüse zu verkaufen. Ich machte dort meine ersten Erfahrungen mit Austauschprozessen, so dass mir BWL als naheliegender Bereich erschien. Um mich zu finanzieren, habe ich vor dem Unialltag von vier bis sieben Uhr Briefe sortiert, bis mich ein Assistent fragte, ob ich nicht studentische Hilfskraft werden wolle oder Tutorin. Die Möglichkeit, an der Universität zu arbeiten, fand ich natürlich verlockend, so dass ich mich bewarb und die Stelle bekam. Ich unterrichtete Studenten in Statistik und jeden Dienstag gab es ein vierstündiges Fachmeeting, wo alle, circa fünfzehn Mitglieder, Arbeitspapiere zu ihrem jeweiligen Bereich herstellen und präsentieren mussten. Beim ersten Mal bin ich dort ganz komisch angeschaut worden – aber dann hat mir wieder jemand gezeigt, wie man es richtig macht, so dass ich in den drei Jahren dort sehr viel gelernt habe.«

Zu Hause zog Schuchert-Güler in der Zwischenzeit aus und nahm sich eine kleine Einzimmerwohnung. »Dort haben wir mit der ganzen Familie die ersten drei Nächte verbracht, damit meine Eltern auch merken, dass sie jetzt nicht aus meinem Leben abgeschrieben sind und ich mich nicht komplett von ihnen lossage. Es war für sie nie einfach, dass ich in meinem Leben alles anders machte, als ›man‹ es in der Gemeinschaft zu machen hatte. Hinzu kommt, dass mein Vater keinen Sohn hat, so dass er immer sehr darauf achtet, allen zu zeigen, dass wir Töchter so gut sind wie Söhne. Mit achtzehn habe ich deshalb gleich meinen Führerschein gemacht, bekam ein Auto geschenkt und musste meine Eltern jahrelang jeden Sommer die 3580 Kilometer in die Türkei fahren, damit mein Vater dort stolz auf meine Fähigkeiten hinweisen konnte.«

Ihren Schwerpunkt im Studium legte Schuchert-Güler schließlich auf den Bereich Marketing, 2004 wurde sie Professorin der Fachhochschule für Wirtschaft Berlin. »Gerade mache ich mit meinen Masterstudierenden ein Projekt zum Thema Ethnomarketing. Dabei geht es um eine Analyse, inwieweit Ethnomarketing hilfreich ist für die Integration. Wir untersuchen zum Beispiel das Heimatbild auf bestimmten Kanälen und die Präsenz von Kiezdeutsch in manchen Werbespots. Darin spiegelt sich Positives im Sinne eines Verständnisses für die Kultur wider, aber auch die negative Erwartungshaltung, dass alle so sprechen würden. Meine Studierenden haben zum Teil einen Migrationshintergrund und zum Teil nicht – ich möchte beiden Gruppen als Brückenbauerin diese Thematik näherbringen.« Zusätzlich hat sie ein Mentoringprogramm für Studierende mit Migrationshintergrund initiiert. »Ich finde es erschreckend zu sehen, dass die zweite Generation kaum Kontakt zu Deutschen hat, und hoffe durch dieses Programm einiges erreichen zu können. Es wäre exzellent, wenn wir so ein Mentoring bundesweit flächendeckend umsetzen könnten.«

Auch im Privatleben versucht Schuchert-Güler verschiedene Religionen und Kulturen einander näherzubringen. »Mein elfjähriger Sohn bekommt von uns alle drei monotheistischen Religionen vermittelt und nimmt am Religionsunterricht teil. Nur durch das Wissen über alle Religionen ist es ihm möglich, sich seine eigene Meinung zu bilden und Respekt sowie Toleranz zu zeigen. Wir feiern zu Hause Zuckerfest und Weihnachten zusammen, laden dazu meine Eltern und Schwiegereltern ein. Da sage ich dann genau an, bis zu welchem Bereich des Tisches das Essen ohne Schweinefleisch ist. Meine Schwiegereltern, die anfangs etwas skeptisch waren, haben sich so auch der türkischen Kultur etwas öffnen können, das motiviert mich.« Insgesamt hält Schuchert-Güler eine Menge von Annäherung via Essen. »Durch die Einwanderung ist es doch zu einer enormen kulinarischen Bereicherung Deutschlands gekommen! Wie fad wären unsere Lebensmittelläden, wenn es die Entwicklung seit den Siebzigerjahren nicht gegeben hätte?«

Nachwort

Als ich mit der Arbeit an diesem Buch begann, bekam ich stets zwei Fragen gestellt: »Warum wollen Sie ein Buch über erfolgreiche muslimische Frauen in Deutschland schreiben?«, wollten fast alle meine Interviewpartnerinnen wissen. Und die deutschen Kollegen und Freunde fragten erstaunt: »Gibt es hierzulande überhaupt erfolgreiche Musliminnen?« Schließlich verbindet man mit dem Begriff der »muslimischen Frau« zumeist das Bild von Menschen, die »Kopftuch oder Burka tragend mehrere Meter hinter ihren Männern laufen, die Einkaufstüten schleppen, eine Horde Kinder bändigen und den schwangeren Bauch vor sich herschieben«, wie es Seyran Ates in ihrem Vorwort sehr plastisch formuliert. Die türkischstämmige Anwältin selbst passt da ebenso wenig ins Bild wie die aus Afghanistan eingewanderte Unternehmerin oder die bosnische Germanistin mit Schwerpunkt Heinrich Böll. Ich hoffe also, mit diesem Buch den Blickwinkel, aus dem muslimische Frauen in Deutschland in aller Regel gesehen werden, erweitern zu können.

Migration kann ein Gewinn sein – sofern man sich offen mit ihr auseinandersetzt. Dazu gehört selbstverständlich auch, die Augen nicht vor Problemen zu verschließen. Denn nur wer die Lebensrealität kennt, kann zu ihrer Verbesserung beitragen. Deshalb habe ich die hier vorgestellten Frauen nach ihrem Leben befragt und sie selbst über Fokus und Wertung ihrer Erfahrungen bestimmen lassen; sie erzählen lassen, warum sie glauben, erfolgreich ihren Weg gegangen zu sein, und wer oder was dabei hinderlich oder auch dienlich war. Natürlich kam dabei nicht die eine allgemeingültige Formel heraus, schließlich sind Musliminnen ebenso wie etwa Christinnen eine höchst heterogene Gruppe. Interessant für mich war jedoch, dass sich viele auch bereits in der Vorbereitung auf das Interview klar davon distanzierten, etwas »Besonderes«, etwas »Anderes« zu sein. Manche dieser Frauen wollten aus diesem Grunde auch gar nicht in das Buch aufgenommen werden, da sie meinten, ihre Karriere sei doch nur durch das Vorzeichen der »Muslimin« oder »Migrantin« interessant – für sie selbst seien diese Kategorien jedoch bedeutungslos oder gar abwertend, da sie sich als nichtreligiöse Deutsche sähen.

Offenbar ist es in unserer Gesellschaft noch immer üblich, nicht den möglichen Zugewinn des »Anders«seins zu erkennen und anzuerkennen. Mit zwei Sprachen aufzuwachsen; in der Ferienzeit ein anderes Land nicht vom Hotel aus, sondern durch familiäre Verbindungen wirklich kennenzulernen; zu erfahren, dass es in vielen Situationen und für viele Probleme zumindest zwei Herangehensweisen gibt, kann den Horizont öffnen und sehr bereichernd sein. Aber auch ich selbst habe im kleinen Maßstab nach einem mehrjährigen Südamerika-Aufenthalt bemerkt, dass sich nach meiner Rückkehr niemand für mögliche andere Herangehensweisen interessierte, sondern alles so weiterlaufen sollte wie gewohnt – selbst wenn das Gewohnte als suboptimal galt. Etwas anders zu machen und anders zu sein, gilt somit oftmals als Synonym für »schlechter« – und das will niemand sein. Ein gelegentlicher Einwurf wie etwa seitens des iranischstämmigen Bundestagsabgeordneten Omid Nouripour, der erklärt, viele Menschen in Berlin würden sich größte Mühe geben, um anders zu erscheinen, er selbst sei es ganz von allein, wirkt da geradezu erfrischend.

Ich hoffe also, dass dieses Buch dazu beiträgt, Klischees abzubauen und den Diskussionsrahmen der Themen »Migration« und »Islam« ein wenig zu öffnen. Desgleichen würde ich mir wünschen, dass die deutsche Gesellschaft diese couragierten, engagierten und liberalen Musliminnen stärker wahrnimmt und bei Angriffen eindeutiger in Schutz nimmt. Denn sie sind zugleich Motor des Fortschritts und Stütze unseres demokratischen Rechtsstaates und sollten sich ihrerseits der Unterstützung der Mehrheitsgesellschaft sicher sein können. Es wäre schön, wenn dieses Buch zugleich auch andere Frauen inspirieren und motivieren würde, in ihrem Bereich Erfolg anzustreben.

Bedanken möchte ich mich bei meinen Interviewpartnerinnen, die sich die Zeit genommen haben, mir ihre Lebensgeschichte und ihren Blick auf das Leben als muslimische Frau in Deutschland zu schildern; bei meiner Lektorin Christin Dwertmann, die mit mir zusammen die Idee für dieses Buch formte und engagiert für seine Entwicklung kämpfte, sowie bei meinem Mann, der sich als Erstleser zur Verfügung stellte und in kritischen Phasen für Zuspruch sorgte.

Dr. Kerstin E. Finkelstein
Februar 2008

Bildnachweis

Seite 8: © Müjgan Arpat
Seite 16: © Dr. Lale Akgün
Seite 22: © Nafia Alkan
Seite 28: © Dr. Kerstin E. Finkelstein
Seite 32: © Dr. Kerstin E. Finkelstein
Seite 42: © Fatma Sonja Bläser
Seite 52: © Dr. Kerstin E. Finkelstein
Seite 58: © Dr. Kerstin E. Finkelstein
Seite 66 und Cover Neriman Fahrali: © Dr. Kerstin E. Finkelstein
Seite 72 und Cover Sebnem Gülseker: © Enrico Nawrath
Seite 78: © Michael Wartmann
Seite 86: © Dr. Kerstin E. Finkelstein
Seite 92 und Cover Hayat Hayta: © Dr. Kerstin E. Finkelstein
Seite 98: © Tülin Hüner
Seite 104: © Dr. Kerstin E. Finkelstein
Seite 110: © Panagiotis Kouparanis
Seite 116: © Prof. Dr. Yasemin Karakasoglu
Seite 122: © Dr. Kerstin E. Finkelstein
Seite 128: © Dr. Kerstin E. Finkelstein
Seite 136: © Serap Kocaoglu
Seite 142 und Umschlag Rückseite Sema Meray: © Nina Grützmacher
Seite 152: © Saima Mirvic-Rogge
Seite 160 und Umschlag Rückseite Pari Niemann: © Herby Sachs/WDR
Seite 170 und Cover Bettina Öner: © Dr. Kerstin E. Finkelstein
Seite 176: © Sigrid Urban
Seite 184 und Umschlag Rückseite Aygül Özkan: © Aygül Özkan
Seite 192: © Svenja von Schultzendorff
Seite 198: © Nadia Qani
Seite 206 und Umschlag Rückseite Reyhan Sahin: © Alex Fanslau
Seite 212 und Umschlag Rückseite Prof. Dr. Pakize Schuchert-Güler: © FHW Berlin